Libellus

Catull

Carmina

ausgewählt und bearbeitet

von Peter Kuhlmann

Ernst Klett Verlag
Stuttgart · Leipzig

Vokabelboxen

In den hellblauen Vokabelboxen ist der **Lernwortschatz fett und blau**, der **Grundwortschatz** mager und schwarz gekennzeichnet.

Beispiel:

libellus, -ī *m.*	Büchlein
charta, -ae *f.*	**Papier; Schrift, Band**

Vokabeltrainer

Libellus-Code 4g5g2z

Im Internet findest du unter www.klett.de einen Vokabeltrainer zum kostenlosen Download, mit dem du den Grund- und Lernwortschatz aus „Catull, Carmina" nach dem Karteikartenprinzip lernen kannst.

Bildquellennachweis

Cover.1 Fotolia.com (Maciej Olszewski), New York; **5.1** Ullstein Bild GmbH (imageBROKER/ Katja Kreder), Berlin; **6.1** akg-images, Berlin; **11.1** Photo Scala (Fotografica Foglia - courtesy of the Ministero Beni e Att. Culturali), 50012 Bagno a Ripoli Firenze; **13.1** BPK, Berlin; **15.1** akg-images (Sotheby's), Berlin; **17.1** akg-images (Erich Lessing), Berlin; **21.1** Marks, Michael, Bonn; **25.1** akg-images (Bildarchiv Steffens), Berlin; **27.1** Photo Scala (Fotografica Foglia - courtesy of the Ministero Beni e Att. Culturali), 50012 Bagno a Ripoli Firenze; **31.1** akg-images (Erich Lessing), Berlin; **35.1** akg-images, Berlin; **39.1** akg-images (Nimatallah), Berlin; **41.1** shutterstock.com (Eduard Gurevich), New York, NY; **42.1** Steffen Gumpert/Catprint Media GmbH; **47.1** akg-images, Berlin; **47.2** akg-images (Kunstslg. Böttcherstraße), Berlin

Sollte es in einem Einzelfall nicht gelungen sein, den korrekten Rechteinhaber ausfindig zu machen, so werden berechtigte Ansprüche selbstverständlich im Rahmen der üblichen Regelungen abgegolten.

1. Auflage 1 7 6 5 4 3 | 27 26 25 24 23

Alle Drucke dieser Auflage sind unverändert und können im Unterricht nebeneinander verwendet werden. Die letzte Zahl bezeichnet das Jahr dieses Druckes.

Autor: Prof. Dr. Peter Kuhlmann, Göttingen
Redaktion: Martin Fruhstorfer, Leipzig

Layout: Jens-Peter Becker, Schwäbisch Gmünd
Satz: Fotosatz Kaufmann, Stuttgart
Herstellung: Thomas Gremmelspacher
Druck: AZ Druck und Datentechnik GmbH, Kempten/Allgäu

Printed in Germany
ISBN 978-3-12-623178-7

9 783126 231787

Inhalt

Vorwort

Liebe Schülerinnen, liebe Schüler,

Catull ist einer der bekanntesten Dichter der römischen Antike. Die erhaltenen Gedichte hat er schon in jungen Jahren verfasst. Sie behandeln viele Themen, die auch für heutige Jugendliche interessant und spannend sind, wie z. B. Liebe und Freundschaft. Seine Sprache kann sehr deftig sein, aber auch zart und einfühlsam. Jedenfalls sind Catulls Gedichte nie langweilig, sondern sehr unterhaltsam. Sprachlich sind sie zwar nicht immer ganz einfach, aber die ausgewählten Gedichte sind eher kurz, und so habt ihr im Unterricht Zeit genug, euch mit den einzelnen Gedichten intensiv zu beschäftigen.
Das Heft, das ihr vor euch habt, besteht aus verschiedenen Teilen. Zunächst einmal wird Catull vorgestellt: seine Zeit, sein Leben und seine Dichterfreunde. Auch grundsätzliche Fragen der lateinischen Dichtung, aber auch von Dichtung ganz allgemein werden in der Einführung behandelt. Manches kennt ihr vielleicht schon aus dem Deutschunterricht, anderes wieder wird für euch neu sein.
Die Gedichte selbst werden in einem übersichtlichen Schema vorgestellt: Ein kurzer Text führt in den Gedichtzusammenhang ein, erste Vorerschließungsaufgaben lenken den Blick auf das Gedicht. Lesevokabeln stehen rechts neben dem Text, darunter befinden sich grammatische und inhaltliche Erklärungen und ein Kasten mit Lernvokabeln, mit denen ihr euren Wortschatz erweitern könnt. Diese Vokabeln werden immer bei ihrem ersten Auftreten angegeben und danach vorausgesetzt. Schwarz gedruckt sind die Wörter des Grundwortschatzes, die ihr vielleicht auch schon gelernt habt, fett und blau sind weiterführende Wörter, die ihr später auch wieder braucht. Alle Lernvokabeln sind am Ende des Heftes noch einmal zusammengefasst, dort könnt ihr sie auch nachschlagen. Wo es sich anbietet, werden auch Sachinformationen und Hilfen zur Grammatik gegeben, damit ihr möglichst alles wisst, was für das Verständnis der Gedichte nötig ist. Schließlich gibt es auch immer wieder Abbildungen, die das Thema der Gedichte künstlerisch oder auch witzig aufgreifen.
Zu jedem Gedicht findet ihr dann noch weitere Aufgaben, mit denen ihr Fragen des Wortschatzes oder der Grammatik bearbeiten könnt oder die euch die Interpretation erleichtern sollen. Oft geben sie auch Anregungen, sich kreativ mit dem Gedicht auseinanderzusetzen. So werdet ihr bestimmt auch einen eigenen Zugang zu Catulls Werken finden und vielleicht feststellen, dass sie jedem auch ganz persönlich etwas zu sagen haben.
Am Schluss des Bandes findet ihr noch eine Zusammenstellung des Grundwissens zu Catull und eine Übersicht dazu, wie man Gedichte gut interpretieren kann. Diese Übersicht lässt sich nicht nur für Catull, sondern auch für andere poetische Texte verwenden.

Euch nun viel Freude bei der Beschäftigung mit Catulls Carmina
Peter Kuhlmann

Einleitung

1 Wer war Catull?

Über das Leben des römischen Dichters Valerius Catullus ist nur wenig Sicheres überliefert. Er stammte aus einer vornehmen und reichen Familie in Verona, einer Stadt in der römischen Provinz Gallia Cisalpina in Norditalien, und besaß selbst vermutlich mehrere Landgüter. In seinen Gedichten erwähnt Catull einen Bruder, der offenbar früh verstorben ist. Als junger Mann kam Catull nach Rom und scheint dort eine Karriere begonnen zu haben, wie sie in der vornehmen Oberschicht üblich war: So begleitete er seinen älteren Freund Gaius Memmius als Offizier in die Provinz Bithynien (Kleinasien). Außerdem muss Catull mit den wichtigsten Dichtern und Politikern im Rom der späten Republik persönlich bekannt gewesen sein, unter anderen mit Caesar und Cicero. Die Gedichte enthalten viele Angriffe gegen Caesar, der ein Vertreter der Popularen war; Catulls Freunde dagegen gehörten zur konservativen Gruppe der Optimaten. Catull könnte von daher auch selbst zu dieser politischen Richtung tendiert haben. In den Gedichten gibt es eine Reihe von historischen Anspielungen, die bis ins Jahr 55 v. Chr. reichen: Demzufolge muss Catull nach diesem Jahr gestorben sein. Nach dem Zeugnis des spätantiken Theologen Hieronymus soll er nicht älter als 30 Jahre alt geworden sein. Bekannt ist Catull aber bis heute für seine 116 erhaltenen Gedichte, die einen Gesamtumfang von rund 2300 Versen haben. Die einzelnen Gedichte sind von sehr unterschiedlichem Umfang: Neben kurzen Zweizeilern gibt es auch sehr lange Gedichte – kleine Epen – mit über 400 Versen. Die Themen dieser Gedichte sind ebenfalls vielfältig, scheinen aber meist das persönliche Erleben des Dichters zu berühren: Es geht um Dichtung, Freundschaft, Politik, Mythologie, Familie und immer wieder um Liebe und Erotik.

In vielen Gedichten werden unterschiedliche (weibliche und männliche) Personen als

Moderne Büste von Catull in Sirmione am Gardasee, wo der Dichter ein Landgut besaß. Foto

Liebespartner des Dichters erwähnt: So gibt es zum Beispiel einen männlichen Liebhaber namens Iuventius und eine weibliche Freundin, die Catull Lesbia nennt. Sicher ist „Lesbia" nur ein Pseudonym, in Wahrheit soll es sich um eine vornehme Dame namens Clodia gehandelt haben, die wiederum die Schwester des bekannten römischen Skandalpolitikers und Caesarfreundes Clodius Pulcher war. Denkbar ist aber auch, dass diese Lesbia eine Hetäre war, also eine kultivierte Prostituierte, die sich von vornehmen Männern mit entsprechendem Vermögen aushalten ließ. Diese Hetären legten sich meist griechische Namen zu, die für die römischen Männer einen erotischen Klang hatten. Speziell mit dem Namen Lesbia dürfte ein römischer Mann eine sexuell besonders freizügige junge Dame verbunden haben (siehe auch S. 19).

2 Catulls Dichterfreunde und sein Lesepublikum

Auch wenn ihr Catull vielleicht schon in der Mittelstufe lest, waren die Gedichte eigentlich eher für Erwachsene gedacht: Zum einen sind viele Gedichte wegen ihrer sexuellen Freizügigkeit nicht ganz jugendfrei, zum anderen enthalten sie teilweise gelehrte Anspielungen auf griechische Vorbilder, die auch in der Antike nur sehr gebildete Leser verstehen konnten.
Catull folgte mit seinen Gedichten einer damals in Rom aufkommenden Mode mehrerer Dichter, die der Redner Cicero mit einem griechischen Adjektiv als „etwas zu neumodisch" (griechisch *neóteroi*) bezeichnete. Wir sprechen daher heute von den Neoterikern und der neoterischen Dichtung.
Diese Dichter führten tatsächlich eine neue Art zu dichten in Rom ein, die sich an griechischen Vorbildern des Hellenismus, der Epoche des 3.–1. Jahrhunderts v. Chr., orientierte. Wichtige Merkmale waren dabei die Vorliebe für kleinere Gedichte (im Gegensatz zum großen Epos), die mythologische Gelehrsamkeit mit einer Suche nach eher abgelegenen Mythen, die Vielfalt metrischer Formen, das Bestreben nach formaler Perfektion und schließlich ein Vorherrschen des Themas Liebe.
Catull scheint sich in Rom schnell dieser Gruppe angeschlossen zu haben, was wiederum eine entsprechend gute Ausbildung im römischen Bildungswesen voraussetzt.
Außerdem muss Catull durch seine vornehmen Dichterfreunde Zugang zu gut ausgestatteten Privatbibliotheken gehabt haben, wo er die griechischen Werke im Original studieren konnte, denn öffentliche Bibliotheken existierten in Rom damals noch nicht. Allerdings ist Catull der Einzige der neoterischen Dichter, von dem poetische Werke in nennenswertem Umfang erhalten sind. Dies lässt darauf schließen, dass er unter seinen Dichterkollegen

ANALYSE UND INTERPRETATION

1 Beschreibe, wie das Zusammensein der Dichterfreund auf dem Gemälde von Bakalowitsch dargestellt wird. Erläutere, welche Stimmung dadurch beim Betrachter hervorgerufen wird.

Stepan Wladislawowitsch Bakalowitsch, „Der Dichter Catull liest aus seinen Gedichten", Ölgemälde, 1885; Moskau, Staatliche Tretjakow-Galerie

herausragte. Doch immerhin sind einige Namen anderer Neoteriker – teils aus Catulls Dichtungen selbst – überliefert; zum Beispiel gab es unter Catulls Freunden neben dem oben schon erwähnten Memmius einen Helvius Cinna und einen Licinius Calvus, die beide politisch sehr aktiv waren – Calvus war wie Catull selbst ein Gegner Caesars. Insgesamt handelte es sich bei den Neoterikern meist um wichtige Politiker, in der Regel aus den Reihen der Optimaten, die in ihrer Freizeit Gedichte nach einer neuen griechischen Mode verfassten.
Vermutlich trafen sich diese dichtenden Politiker regelmäßig und trugen einander die eigenen poetischen Werke bei einem gemeinsamen *convivium* (einem Abendessen mit viel Wein und Flötenspielerinnen) vor. Dabei wurde sicherlich die Qualität der neuen Gedichte verglichen und ihre literarische Form gemeinsam diskutiert. Der junge Catull dürfte im Rahmen solcher Dichtertreffen der Star seiner Politikerfreunde gewesen sein.

3 Autor und „lyrisches Ich"

Ein großer Teil von Catulls Carmina (Gedichten) weist einen Ich-Bezug auf: Man spricht hier auch von subjektiver Dichtung. Wenn ein Dichter in seinen Gedichten in der ersten Person Singular bzw. von „ich" spricht, könnte man dazu neigen, dieses Gedicht-Ich mit dem realen Gedichtautor gleichzusetzen. Dann wären alle in den Gedichten geschilderten Ereignisse und Gefühle Erlebnisse des Dichters selbst. Im Deutschunterricht habt ihr aber vielleicht schon erfahren, dass man bei der Gedichtinterpretation zwischen einem „lyrischen Ich" und dem realen Autor trennen sollte. Dies gilt prinzipiell auch für Gedichte aus der römischen Antike. Zwar dürften sicher viele Themen aus Catulls Gedichten auf reale Erlebnisse des Dichters zurückgehen oder irgendwie damit zusammenhängen. Allerdings wollten antike Dichter sich in ihren Gedichten natürlich auch bewusst in Szene setzen und ihren Lesern und Zuhörern zeigen, wie lebendig sie Gefühle oder Erlebnisse darstellen konnten – ganz unabhängig von deren Realitätsgehalt. Außerdem arbeiteten die antiken Dichter in der Regel sehr lange an ihren Gedichten: Sie mussten schon wegen der Versform eine bestimmte Silbenzahl und ein Versmaß genau einhalten, was den Prozess des Dichtens vermutlich verlangsamte. Auch mussten die Gedichte im Ganzen eher kurz sein und dabei bestimmte (oft nur vorgestellte) Erlebnisse und Gefühle auf möglichst kleinem Raum auf den Punkt bringen.
Daher ist gerade bei antiker Dichtung der Ausdruck eines unmittelbaren Gefühls im Text kaum wahrscheinlich. Für die Interpretation der Gedichte ist es aber auch nicht entscheidend, ob es sich um die Darstellung autobiografischer Erlebnisse oder „echter" Gefühle handelt, dies wäre eher eine Frage für einen Historiker oder Psychologen. Wichtig ist vielmehr die Analyse der uns vorliegenden literarischen Form der Gedichte. Übrigens legt Catull selbst ausdrücklich Wert auf die Trennung zwischen lyrischem Ich und realem Autor: In Carmen 16 wendet er sich zum Beispiel gegen die Kritik an seinen angeblich sexuell zu freizügigen Gedichten und fordert, man müsse doch zwischen dem anständigen realen Dichter Catull und dessen oft ganz anderen Gedichten klar unterscheiden.
Diese Trennung zwischen lyrischem Ich und realem Autor ist im Übrigen auch in der englisch- oder deutschsprachigen Pop-Musik vorhanden: Dort scheinen viele Sänger(innen) auch von autobiografischen Liebeserlebnissen zu berichten. Aber als Hörer würde man sicher nicht unbedingt auf den Gedanken kommen, der Sänger bzw. die Sängerin habe genau diese Geschichte so erlebt wie im Lied dargestellt. Auch wenn das Lied im Prinzip auf eigenen Erlebnissen beruhen kann, ist es sicher meistens doch für den öffentlichen Vortrag „literarisch" umgearbeitet.

Anmerkung: Die Begriffe „Dichter" und „Sprecher" werden in diesem Heft zur besseren Lesbarkeit in der Regel gleichbedeutend mit dem Begriff „lyrisches Ich" verwendet. Die Abgrenzung zur Person des realen Autors sollte immer mitbedacht werden.

4 Sprache und Metrik

Catull war vermutlich der erste römische Dichter, der die ganze Vielfalt der griechischen lyrischen Versmaße für lateinische Gedichte verwendete. Doch was ist eigentlich ein antikes Versmaß? Hier können nur einige wenige wichtige Punkte erläutert werden – weitere Einzelheiten wird euch eure Lehrkraft an gegebener Stelle noch erklären.
In deutschen Gedichten kann man das Versmaß an einem regelmäßigen Wechsel von betonten und unbetonten Silben erkennen, wie der Anfang eines Gedichts von Christian Morgenstern (1871–1914) zeigt:

Deíne Rósen án der Brúst
sítz ich únter frémden Ménschen,
láss sie réden, láss sie lärmen,
júng Geheímnis tíef im Hérzen.

In den gängigen lateinischen Versmaßen dagegen spielt die Betonung keine Rolle, denn anders als im Deutschen ist im Lateinischen die Betonung, also der Akzent, in einem Wort nicht bedeutungsunterscheidend. Ob man im Deutschen *úmfahren* oder *umfáhren* sagt, macht einen großen Unterschied. Im Lateinischen ist es für die Bedeutung gleichgültig, ob man *vénit* oder *venít* betont – der Sinn ändert sich nicht. Viel wichtiger ist im Lateinischen für die Bedeutung die Länge einer Silbe und damit auch die lange oder kurze Aussprache von Vokalen und Konsonanten: So bedeutet *vĕnit* „(er/sie) kommt", aber *vēnit* „(er/sie) kam"; ähnlich ist es bei den Konsonanten: *anus* bedeutet „alte Frau", *annus* mit langem bzw. doppelt ausgesprochenem *-n-* dagegen „Jahr". Die Länge von Silben ist für die lateinische Metrik das entscheidende Merkmal. Man unterscheidet zwischen langen (–) und kurzen (U) Silben.
Lange Silben (–) entstehen bei langen Vokalen, Diphthongen (ae, au, oe) oder wenn nach einem Vokal mehrere Konsonanten folgen (hier gibt es allerdings auch Ausnahmen).
Kurze Silben (U) gibt es nur bei einem kurzen Vokal, auf den höchstens ein Konsonant folgt. So sind z. B. in *annus* und *vēnit* die ersten Silben jeweils lang, in *ănus* und *vĕnit* hingegen kurz. In einem Vers muss man die Worttrennung allerdings aufheben und alle Wörter wie ein langes Wort lesen und analysieren; eine lange Silbe kann also auch entstehen, wenn ein Wort auf einem Konsonant auslautet und das nächste Wort mit einem Konsonant beginnt. So lässt sich beispielsweise der erste Vers in Catulls Carmen 1 (Hendekasyllabus) so analysieren:

— — — U U — U — U — x
C u i d ō n ō l e p i d u m n o v u m l i b e l l u m

Catull verwendet in seinen Gedichten besonders gern diesen Hendekasyllabus, der – wie der griechisch-lateinische Name sagt – aus elf Silben besteht und typisch für die hellenistische griechische Lyrik war. Am Anfang des Verses muss ausnahmsweise *-ui-* wie ein Diphthong gelesen werden (eine lange Silbe). Der Schluss eines Verses wird meist mit einem x gekennzeichnet, denn diese letzte Silbe gilt als *anceps* („doppeldeutig"), sie kann also lang oder kurz sein.

Außerdem kommen auch Strophenformen bei Catull vor, die wiederum bei den frühgriechischen Lyrikern Sappho und Alkaios des 6. Jahrhunderts v. Chr. zuerst bezeugt sind, z. B. die Sapphische Strophe:

— U — — — U U — U — x
— U — — — U U — U — x
— U — — — U U — U — x
— U U — x

Ille mī pār esse deō vidētur,
ille, sī fās est, superāre dīvōs,
quī sedēns adversus identidem tē
spectat et audit

Schließlich gibt es auch viele Gedichte, die im elegischen Distichon verfasst sind, das besonders für die hellenistischen Epigramme typisch ist:

— U U — U U — U U — U U — U U — x
— U U — U U — | — U U — U U x

ōd(i) et amō. quār(e) id faciam, fortasse requīris.
nescio, sed fierī senti(o) et excrucior

Dieses Versmaß setzt sich aus einem Hexameter und einem Pentameter zusammen; vor allem in den ersten Vershälften werden hier zwei Kürzen oft durch eine Länge ersetzt, was dann natürlich auch die Silbenzahl im Vers ändert: U U wird zu — .

Doch wie hat man diese Verse ganz praktisch gelesen? Man geht heute in der Wissenschaft davon aus, dass man die Verse mit ihrer Wortbetonung wie Prosa las und der Hörer einfach durch den Wechsel langer und kurzer Silben ein Versmaß heraushörte. Da im Deutschen die Quantität der Silben für den Versrhythmus unwichtig ist, fällt uns heute die Wahrnehmung eines Versmaßes mit einer solchen Lesepraxis eher schwer – man kann es aber trainieren. Oft aber werden bestimmte lange Silben (—) mit Betonung und die kurzen Silben (U) unbetont gelesen: *Cúi donó lepidúm novúm libéllum.*
Dies entspricht zwar sicher nicht der antiken Praxis, aber so hört man immerhin das Versmaß deutlich heraus.

Die Gedichte

1 Widmung an den Freund

Das erste Gedicht seiner Gedichtsammlung widmet Catull seinem Freund und Schriftstellerkollegen Cornelius Nepos (um 100–27 v. Chr.). Wie wir aus dem Gedicht erfahren, hatte Nepos ein dreibändiges Werk zur Weltgeschichte verfasst, das uns heute allerdings nicht mehr erhalten ist. Es gibt jedoch von Nepos noch eine Sammlung von Biografien berühmter Griechen, Römer und Karthager.

SPRACHLICHE UND INHALTLICHE VORERSCHLIEẞUNG

1 Schreibe alle Prädikate heraus und nenne Person und Numerus.

Carmen 1 (Hendekasyllabus)

Cui dono lepidum novum libellum
arida modo pumice expolitum?
Corneli, tibi: namque tu solebas
meas esse aliquid putare nugas.
Iam tum, cum ausus es unus Italorum
omne aevum tribus explicare chartis
doctis, Iuppiter, et laboriosis!
Quare habe tibi quidquid hoc libelli
qualecumque; quod, o patrona virgo,
plus uno maneat perenne saeclo!

āridus, -a, -um: trocken
pūmex, pūmicis *f.*: Bimsstein
expolītus, -a, -um: poliert, geglättet
nūgae, -ārum *f. Pl.*: Scherze; Kleinigkeiten
aevum, -ī *n.*: Zeit; Weltgeschichte
labōriōsus, -a, -um: mühevoll

3 Cornēlī: *Vokativ zu* Cornēlius – namque: *hier gleich* nam – 4 aliquid esse putāre: für etwas Besonderes halten – 5 ūnus Italōrum: *prädikativ:* als Einziger von den Bewohnern Italiens – 6 tribus: *Abl. Pl. zu* trēs – 8/9 habē … qualecumque: empfange das Büchlein – was und wie auch immer es sein mag – 9 patrōna virgō: *gemeint ist die Muse als Schutzgöttin der Dichtkunst* – 10 plūs … saeclō: *ordne* (quod) plūs perenne ūnō saeclō maneat; saeclō: *hier gleich* saeculō; plūs perenne: *(hier Adv.)* dauerhafter, länger

GRUND- UND LERNWORTSCHATZ

libellus, -ī *m.*	Büchlein
charta, -ae *f.*	Papier; Schrift, Band
solēre, soleō, solitus sum + *Infinitiv*	etw. zu tun pflegen
audēre, audeō, ausus sum + *Infinitiv*	etw. zu tun wagen
doctus , -a, -um	gelehrt
saec(u)lum, -ī *n.*	Zeitalter, Jahrhundert
lepidus, -a, -um	niedlich; klein; witzig

ANALYSE UND INTERPRETATION

2 Gliedere das Gedicht und begründe deine Entscheidung.
3 Arbeite das Verhältnis zwischen lyrischem Ich und Cornelius Nepos aus dem Gedicht heraus.
4 Weise die wesentlichen Programmpunkte der Neoteriker im Text nach. Informiere dich über die Merkmale neoterischer Dichtung (s. o. S. 6 f.) und finde passende Schlüsselwörter im Text.
5 Diskutiert, ob für die Interpretation dieses Gedichts eine Trennung zwischen lyrischem Ich und realem Autor Catull sinnvoll ist. Bezieht dabei auch die Anreden im Text mit ein.

Tintenfass mit Schreibgriffel und Buchrolle. Ausschnitt aus einer Wandmalerei, vor 79 n. Chr.; Neapel, Archäologisches Nationalmuseum

Antike Bücher

Bücher *(libri)* sahen in der Antike meist anders aus als heute: In der Regel benutzte man als Buch eine Papyrusrolle *(chartae, volumen)*, die viele Seiten enthielt. Für eine Seite wurden aus dem klebrigen Mark der Papyruspflanze Streifen geschnitten, in zwei Lagen übereinandergelegt, zu einem Blatt zusammengepresst und getrocknet. Diese Blätter wurden anschließend mit einem Bimsstein (weißes, poröses Vulkangestein) glatt poliert, damit man besser darauf schreiben konnte. Für eine Buchrolle klebte man viele solcher Papyrusblätter aneinander, sodass die Rolle 2–10 Meter lang sein konnte.
Die Gedichte Catulls waren vielleicht auf drei solchen Buchrollen aufgeschrieben. Für die Lektüre musste man dann die Buchrolle aufrollen und den Text in aufeinanderfolgenden Kolumnen lesen. Es war also nicht so leicht möglich, in dem „Buch" zu blättern und Textstellen zu finden.

Die Musen

Die Musen waren griechische Gottheiten, die für den Bereich der Künste und Wissenschaften zuständig waren. Sie galten als Töchter des obersten Gottes Zeus und der Mnemosyne, der Göttin der Erinnerung.
Die antiken Dichter riefen entweder am Beginn oder an zentralen Stellen ihrer Werke eine Muse oder alle Musen an, um sie um Inspiration für ihre Dichtungen zu bitten.

Antike Lyrik: Was ist das?

Lyrik heute

Wer heute den Begriff Lyrik verwendet, denkt sicher zuerst an kurze Gedichte mit eher geringem Textumfang. Oft bringen wir mit Lyrik auch die poetische Darstellung persönlicher oder subjektiver Gefühle in Verbindung – so gibt es etwa den Begriff der Erlebnislyrik. Dieses Wort weist schon auf die Verarbeitung eigener Erlebnisse in der Form eines Gedichts hin. Schließlich verbindet man oft auch eine bestimmte poetische Form mit Lyrik, zum Beispiel Versmaß oder Reim. Allerdings gibt es natürlich auch viele moderne Gedichte, die ohne solche festen Formen auskommen.

Antike Lyrik – Gattungsmerkmale

In der Antike bezeichnete man diejenige Dichtung als Lyrik, die unter Begleitung der Lyra (Leier) vorgetragen, d. h. ganz praktisch: gesungen wurde. In einer etwas erweiterten Definition galt in der Antike überhaupt jede gesungene Dichtung, die mit einem Saiteninstrument vorgetragen wurde, ebenfalls als Lyrik. Die einzelnen lyrischen Gedichte wurden im Griechischen als *melos* und im Lateinischen als *carmen* oder *melicum poema* bezeichnet, was jeweils eigentlich auch „Lied" meint. Die Dichter solcher Lieder hießen im Lateinischen *lyrici (auctores)*.
Die lyrischen Lieder waren metrisch gebunden, d. h. in ganz bestimmten, für lyrische Texte typischen Versmaßen verfasst. Ein Reim war in der antiken Dichtung nicht üblich.
Lyrische Texte konnten kurz oder auch recht lang sein. Sie konnten aus aus einer Abfolge von Versen, aber auch aus mehreren Strophen bestehen. Schließlich machte man einen Unterschied zwischen Chorlyrik und monodischer Lyrik: Bei der Chorlyrik sang ein ganzer Chor – etwa beim Götterkult – den entsprechenden Text, bei der monodischen Lyrik hingegen trug eine Einzelperson das Gedicht vor.

Wie du siehst, gibt es einige Unterschiede zwischen dem antiken und dem modernen Verständnis von Lyrik. Viele kleinere Texte, die wir heute als lyrische Gedichte bezeichnen würden, gehörten nach antiker Auffassung zu anderen Gattungen. Dies betrifft vor allem das Epigramm, das häufig im elegischen Distichon abgefasst wurde.
In der Antike waren diese Epigramme keine Lyrik, sondern bildeten eine eigene Gattung, denn sie wurden nicht gesungen, sondern (vor-)gelesen. Auch der für moderne Lyrik oft typische Ich-Bezug und der damit verbundene subjektive Charakter ist kein zwingendes Merkmal antiker Lyrik: Zwar behandeln viele lyrische Gedichte der Antike subjektive Erfahrungen, aber dies tun auch Texte anderer Gattungen wie das Epigramm.
In der Chorlyrik stellt das lyrische Ich ohnehin eher ein kollektives Ich dar, denn es meint ja nicht nur den einzelnen Sänger, sondern die ganze Kultgemeinde, die das Lied gemeinsam aufführt.
Die Gedichte Catulls gehören aufgrund ihrer Versmaße (Hendekasyllabus, Sapphische Strophe) zu einem großen Teil der Gattung der monodischen Lyrik an. Aber ob diese Gedichte alle wirklich noch gesungen wurden, ist fraglich: Vermutlich wurden sie doch eher rezitiert und vor allem natürlich in Büchern gelesen.

Die antiken Dichter und ihr Publikum

So vielfältig wie die lyrischen Gedichte in der Antike waren, so vielfältig waren auch die Aufführungsbedingungen. Wenn eine Stadt für bestimmte Kultfeste besondere Lieder benötigte, wurden Dichter damit beauftragt, solche Lieder zu komponieren; der Text wurde dann entsprechend in der Öffentlichkeit aufgeführt. Viele Dichter verfassten jedoch auch Lieder für einen eher privaten Rahmen; solche Gedichte wurden dann unter Freunden – vor allem bei Symposien (Trinkfesten) – vorgetragen.
Die meisten antiken Dichter waren Männer. Es gibt nur wenige Beispiele für dichtende Frauen, eine besonders bekannte Lyrikerin war die griechische Dichterin Sappho von der Insel Lesbos (um 600 v. Chr.). In Rom gab es zur Zeit des Augustus eine Dichterin namens Sulpicia, die Liebeselegien dichtete.
In der Kaiserzeit wurde es auch üblich, Gedichte, die eigentlich eher dem privaten Bereich zuzurechnen wären, vor einer größeren Öffentlichkeit zu rezitieren und entsprechend instrumental zu begleiten. Dazu dienten die Theater oder kleinere, Odeion genannte Bauten. Dort wurden in der Kaiserzeit sogar Dichterwettbewerbe veranstaltet, bei denen der Kaiser zugegen war und manchmal – wie im Falle Neros – auch selbst als Dichter auftrat.
Während im antiken Griechenland schon die ganz frühen Lyriker bekannte und im Allgemeinen auch sicher öffentlich anerkannte Dichter waren, setzte sich diese Art der Dichtung als Literatur in Rom erst spät durch. Catull war im Grunde der erste lateinische Dichter, der überhaupt die ganze metrische Vielfalt lyrischer Poesie in Rom verwendete und damit auch in der

Die frühgriechischen Dichter Alkaios und Sappho. Vasenmalerei, um 470 v. Chr.; München, Staatliche Antikensammlungen

Öffentlichkeit großen Erfolg hatte. Vorher gab es in Rom zwar einiges an Dichtung in Form von Epigrammen, doch auch dies war lediglich eine Art gelehrtes Hobby gebildeter Aristokraten. Zur Zeit Catulls beschäftigten sich die Dichter im Allgemeinen nicht „hauptberuflich" mit der Poesie, sofern sie der Oberschicht entstammten, sondern sie waren vor allem als Politiker, Feldherren, oder auch als Anwälte und Patrone tätig. Erst mit dem Ende des 1. Jahrhunderts v. Chr. wurde es üblich, dass Dichter wie Ovid ihre Lebenszeit hauptsächlich mit dem Dichten zubrachten.

2 Ein Spatz als Schatz

Der Dichter hat eine Freundin, diese wiederum hat ein sehr inniges Verhältnis zu ihrem Haustier: einem kleinen Vogel. In dem folgenden Gedicht spricht der Dichter diesen Spatz an.

SPRACHLICHE UND INHALTLICHE VORERSCHLIEẞUNG

1 Nenne die Stellen, an denen der Sprecher den Spatz direkt anredet.
2 Stelle die Verben zusammen, die angeben, was das Mädchen mit ihrem Spatz tut.

Carmen 2 (Hendekasyllabus)

Passer, deliciae meae puellae!,
quicum ludere, quem in sinu tenere,
cui primum digitum dare appetenti
et acres solet incitare morsus.
Cum desiderio meo nitenti
carum nescioquid libet iocari
ut solaciolum sui doloris,
credo, tum gravis acquiescet ardor:
tecum ludere sicut ipsa possem
et tristes animi levare curas!

appetere, appetō: haben wollen; angreifen
morsus, -ūs, -uum *m. Pl.: (hier)* Picken
dēsīderium, -ī *n.: (hier)* Schatz, Liebling
nitēns, nitentis: strahlend schön
nesciōquid: irgendetwas
iocārī *mit Akk.:* (etw.) im Scherz tun
acquiēscere, acquiēscō: zur Ruhe kommen
ardor, -ōris *m.*: Brennen, Glut
levāre: *(hier)* lindern

1 passer: *hier Vokativ* – 2 quīcum: *hier gleich* quōcum 2–4 *Die Infinitive* lūdere, tenēre, dare, incitāre *hängen alle von* solet *ab* – 4 incitāre + *Dat. und Akk.*: jdn. zu etw. reizen – 5 cum: *hier Konjunktion* – dēsideriō meō nitentī: *Dativ, hängt von* libet *(es gefällt) ab* – 7 ut sōlāciolum: als kleiner Trost – 9 ipsa: *gemeint ist* puella

GRUND- UND LERNWORTSCHATZ

passer, passeris *m.*	Spatz
dēliciae, -ārum *f. Pl.*	Schatz, Liebling
sinus, -ūs *m.*	Brust, Schoß
digitus, -ī *m.*	Finger
cum … tum	wenn … dann
sīcut *Adv.*	(so) wie

ANALYSE UND INTERPRETATION

3 Erkläre die Bedeutung des Ausdrucks *primus digitus* in Vers 3.
4 Arbeite aus dem Gedicht heraus, welche Rolle der *passer* für das Mädchen spielt.
5 Beschreibe das Verhältnis zwischen Frau und Vogel des Bildes auf S. 15 und vergleiche es mit deinem Ergebnis der vorherigen Aufgabe.
6 Erstelle eine kurze Charakteristik des Mädchens, wie sie sich aus dem Text des Gedichtes ergibt.
7 Der Sprecher führt eine Art Dialog mit dem kleinen Vogel: Stelle Vermutungen an, warum er dies tut und nicht einfach seine Beobachtungen zum Verhalten von *puella* und *passer* erzählt. Schreibe dazu den Text in eine Erzählung um (auf Deutsch).
8 Erläutere, was das Gedicht über die Beziehung zwischen dem Sprecher und der *puella* aussagt.

Raffaele Giannetti, „Der zahme Vogel", Ölgemälde, 1878

Der *passer* als Liebesvogel

In dem Gedicht ist von einem *passer* die Rede, was in der Regel mit „Spatz" übersetzt wird. Streng genommen wissen wir aber nur, dass mit diesem lateinischen Wort ein kleiner Singvogel bezeichnet wurde, es könnte durchaus auch eine Finkenart gewesen sein. Diese kleinen Vögel galten in der Antike als Symbol für Erotik und Liebe, man glaubte nämlich zu beobachten, dass diese Vögel ein ausgeprägtes Liebesleben hätten. Spatzen und vergleichbare kleine Vögel wurden auch mit der Liebesgöttin Venus in Verbindung gebracht: Sie zogen den Wagen, mit dem die Göttin unterwegs war.
Auch als Haustiere waren solche kleinen Vögel beliebt – besonders als Spielkameraden für Kinder. Insofern haben dieses und das folgende *passer*-Gedicht Catulls durchaus Bezüge zum antiken Alltag.

Sprache und Grammatik: Konjunktive im Hauptsatz richtig übersetzen

Konjunktive in lateinischen Hauptsätzen können Wünsche ausdrücken, die der Sprechen als erfüllbar oder als unerfüllbar darstellt, z. B. bei Catull:

a) *Tecum ludere possem!* – „Könnte ich doch nur mit dir spielen! / Wenn ich doch nur mit dir spielen könnte!"

b) *Tecum ludere potuissem!* – „Hätte ich doch nur mit dir spielen können! / Wenn ich doch nur mit dir hätte spielen können!"

c) *Hic libellus perenne maneat!* – „Dieses Büchlein möge lange wirken! / Hoffentlich wirkt dieses Buch lange!"

In allen drei Fällen wünscht sich der Sprecher etwas: Im ersten Fall stellt er den Wunsch als unerfüllbar dar, daher steht dort der Konjunktiv Imperfekt; im zweiten Fall stellt er den Wunsch ebenfalls als unerfüllbar dar – allein schon weil sein Inhalt in der Vergangenheit liegt –, daher Konjunktiv Plusquamperfekt; im dritten Fall stellt der Sprecher den Wunsch als erfüllbar dar, daher steht hier der Konjunktiv Präsens.
Für die unerfüllbaren Wünsche kann man im Deutschen die Formulierung „wenn doch" verwenden, für die erfüllbaren Wünsche passt oft „hoffentlich" oder „möge".

3 Der Spatz und sein Schicksal

Der Sprecher verfolgt das weitere Schicksal des kleinen Vogels mit großer Anteilnahme …

SPRACHLICHE UND INHALTLICHE VORERSCHLIEẞUNG

1. Nenne die Stellen, an denen der Spatz erwähnt wird. Stelle Vermutungen dazu an, was geschehen ist.
2. Ermittle die Sprechsituation des Gedichtes – wen redet der Sprecher jeweils an?

Carmen 3 (Hendekasyllabus)

Lugete, o Veneres Cupidinesque,
et quantum est hominum venustiorum:
passer mortuus est meae puellae,
passer, deliciae meae puellae,
quem plus illa oculis suis amabat.
Nam mellitus erat, suamque norat
ipsam tam bene, quam puella matrem;
nec sese a gremio illius movebat,
sed circumsiliens modo huc modo illuc
ad solam dominam usque pipiabat.
Qui nunc it per iter tenebricosum
illuc, unde negant redire quemquam.
At vobis male sit, malae tenebrae
Orci, quae omnia bella devoratis:
tam bellum mihi passerem abstulistis!
O factum male! o miselle passer!
tua nunc opera meae puellae
flendo turgiduli rubent ocelli.

lūgēre, lūgeō: trauern
venustus, -a, -um: witzig
circumsilīre: herumhüpfen
pīpiāre: zwitschern
tenebricōsus, -a, -um: düster
dēvōrāre: fressen
turgidulus, -a, -um: ein wenig geschwollen
rubēre, rubeō: rot sein

1 Venerēs Cupīdinēsque: *Venus und die Cupidines (Eroten) sind die Gottheiten der Liebe* – 2 quantum est + *Gen.*: wieviel/was es gibt an – 6 nōrat = nōverat, *zu* nōvī – 7 suamque ipsam: *ergänze* dominam – 8 sēsē = sē – 9 modo hūc modo illūc: mal hierhin mal dahin – 12 unde negant quemquam redīre: von wo – wie man sagt – niemand zurückkehrt – 13 male (mihi) est: es geht (mir) schlecht – 14 Orcī: *Orcus bezeichnet den Gott der Unterwelt und zugleich die Unterwelt* – 16 miselle: *Vokativ, Verkleinerungsform von* miser, -a, -um – 17 tuā … operā: deinetwegen

GRUND- UND LERNWORTSCHATZ

oculus, -ī *m.*	Auge
mellītus, -a, -um	honigsüß
nōvisse, nōvī, nōtum *(Perfekt mit Präsensbedeutung)*	kennen
gremium, -ī *n.*	Schoß
modo … modo *Adv.*	mal … mal, bald … bald
illūc *Adv.*	dorthin
ūsque *Adv.*	in einem fort, immerzu
tenebrae, -ārum *f. Pl.*	Dunkelheit, Finsternis
bellus, -a, -um	hübsch, fein, nett

auferre, auferō, abstulī, ablātum	fortnehmen, rauben
flēre, fleō, flēvī, flētum	weinen
ocellus, -ī *m.*	Äuglein

ANALYSE UND INTERPRETATION

3 Beschreibe Sprache und Stil des Textes; achte dabei besonders auf Elemente von Pathos und Trauer (z. B. Adjektive zum Ausdruck des Gefühls).

4 Beschreibe in eigenen Worten, was der Vogel in der Vorstellung des Sprechers erlebt. Zeichne auch ein Bild von der Szene.

5 Weise Elemente von Übertreibung im Text nach.

6 Verfasse ein kleines Abschiedsgedicht oder eine Trauerrede auf ein eigenes Haustier.

7 Erläutere, was dieses Gedicht über die Beziehung des Sprechers zur *puella* aussagt.

8 Beschreibe das Bild von Jean-Baptiste Greuze. Nenne Vergleichbares und Unterschiede zu Catulls Gedicht.

Jean-Baptiste Greuze, „Der tote Vogel“, Ölgemälde, um 1800; Paris, Louvre

Antike Unterweltvorstellungen und Tiergräber

Die Römer stellten sich den Tod als etwas ziemlich Trostloses vor: Die Seelen der Verstorbenen fristeten in der Unterwelt *(orcus)* ein trauriges Schattendasein in Form von Geistern *(manes)*. Um diese Totengeister oder Manen gnädig zu stimmen, brachte man ihnen an bestimmten Tagen im Jahr auf den Gräber Opfer dar.

Von Tieren glaubte man so etwas eigentlich nicht. Trotzdem wurden geliebte Haustiere wie Hunde, Katzen oder Häschen von manchen Römern und Griechen bestattet. Es gab sogar Grabepigramme (d. h. Trauergedichte) auf solche verstorbenen Haustiere. Allerdings machten sich griechische Dichter hierüber etwas lustig und verfassten parodistische Epigramme auf verstorbene Fische, Grillen oder Heuschrecken.

Sprache und Grammatik: Verkleinerungsformen

Catull hat eine große Vorliebe für Verkleinerungsformen (lat. Deminutiva) wie *libellus* (von *liber*) „Büchlein“. Solche Deminutiva lassen sich im Lateinischen von Substantiven, Eigennamen und – anders als im Deutschen – auch von Adjektiven bilden. Ein häufiges Suffix (Nachsilbe) für Deminutiva ist *-llus* (im Deutschen *-chen*, *-lein*). Im Gedicht gibt es einige Beispiele:
puella (von *puer*) – *bellus* (von *bonus*) – *misellus* (von *miser*) – *ocellus* (von *oculus*)

ANALYSE UND INTERPRETATION

9 Beschreibe die Wirkung dieser Verkleinerungsformen auf den Leser des Gedichtes.

4 Das Leben und die Liebe genießen

Catull behandelt in einigen seiner Gedichte die Liebe zu einer Frau namens Lesbia. In diesen Gedichten kommen alle typischen Symptome heftiger Verliebtheit vor. Erstmals wird der Name Lesbias im fünften Gedicht genannt. Wer genau Lesbia war oder ob sie überhaupt eine historische Figur war, ist umstritten.

SPRACHLICHE UND INHALTLICHE VORERSCHLIEẞUNG

1 Sammle die Verbformen und Pronomina im Gedicht, mit denen der Sprecher seine Gemeinsamkeit mit Lesbia ausdrückt; notiere bei den Verbformen den Modus.

Carmen 5 (Hendekasyllabus)

Vivamus, mea Lesbia, atque amemus,
rumoresque senum severiorum
omnes unius aestimemus assis!
Soles occidere et redire possunt:
nobis cum semel occidit brevis lux,
nox est perpetua una dormienda.
Da mi basia mille, deinde centum,
dein mille altera, dein secunda centum,
deinde usque altera mille, deinde centum.
Dein, cum milia multa fecerimus,
conturbabimus illa, ne sciamus,
aut ne quis malus invidere possit,
cum tantum sciat esse basiorum.

rūmōrēs, -um *m. Pl.*: Gerede

semel *Adv.*: einmal, ein für allemal
lūx, lūcis *f.*: *(hier)* Lebenslicht

altera/secunda (bāsia): *(hier)* weitere

facere, faciō, fēcī: *(hier)* durchzählen
conturbāre: durcheinanderbringen

3 ūnīus assis aestimāre: für ein As wert halten *(ein As war eine kleine Münze und wenig wert)* – 5/6 nōbīs … dormienda: *ordne* nōbīs nox perpetua dormienda est – 7 mī = mihī – 8 dein = deinde – 11 sciāmus: *ergänze als Objekt* „die Anzahl" – 12 nē quis malus: damit kein boshafter Mensch – 13 tantum esse + *Gen.*: so viel geben / da sein an etw.

GRUND- UND LERNWORTSCHATZ

senex, senis; *Gen. Pl.* senum	alter Mann
sevērus, -a, -um	streng, ernst
occidere, occidō, occidī, –	untergehen, erlöschen
perpetuus, -a, -um	langdauernd, ewig
bāsium, -ī *n.*	Kuss
invidēre, invideō, invīdī, invīsum	neidisch sein

ANALYSE UND INTERPRETATION

2 Stelle Merkmale aus dem Gedicht zusammen, die die Verliebtheit des Sprechers deutlich machen.

3 Erläutere die Wirkung, die duch die Nennung der Zahlen im Gedicht erzielt wird.

4 Erkläre, was die auch bildlich zu verstehenden Ausdrücke *soles*, *lux* und *nox perpetua dormienda* bedeuten; erläutere, warum diese Themen im Gedicht angesprochen werden.

5 Beschreibe die stilistische Gestaltung des Gedichts; beachte dabei auch die bildhaften Ausdrücke (Metaphern).

Catulls Lesbia

Catull erwähnt in 13 seiner 116 überlieferten Gedichte eine Frau namens Lesbia. Diese Gedichte sind über das ganze Werk verteilt, sodass die Lesbia-Gedichte für den antiken Leser nicht unbedingt als zusammengehörige Gedichtgruppe wirkten. Heute ist Catull allerdings vor allem wegen seiner Lesbia-Gedichte berühmt.
Der griechische Name Lesbia lässt darauf schließen, dass dies nicht der eigentliche Name der Frau war. Möglicherweise handelte es sich bei ihr um eine Hetäre, d. h. um eine junge Frau aus ärmeren Verhältnissen, die reichen Männer bezahlte Liebe, aber auch geistreiche Unterhaltung anboten. Solche Hetären trugen meist griechische Namen, die für die Ohren römischer Männer erotisch klangen. Bei „Lesbia" dürfte dies auf jeden Fall so gewesen sein: Der Name erinnert an die Insel Lesbos, wo die frühgriechische Dichterin Sappho um 600 v. Chr. Gedichte über ihre Liebe zu anderen Mädchen verfasst hat.
Eine andere, schon in der Antike geäußerte Vermutung, erklärt Lesbia als Pseudonym für eine verheiratete Adlige namens Clodia Pulcher, die für ihre vielen Skandale in der römischen Gesellschaft berüchtigt war. Sie soll auch ein Liebesverhältnis zu Catull unterhalten haben. Die Bezeichnung Lesbia könnte dann daher kommen, dass sich Clodia wie Catull für Sapphos Gedichte interessierte; allerdings interessiert sich die literarische Figur Lesbia in Catulls Gedichten überhaupt nicht für Dichtung oder Ähnliches.

Sprache und Grammatik: Aufforderungen und Wünsche

Das Gedicht enthält eine ganze Reihe von konjunktivischen Verbformen.
Hauptsatz: *vivamus – amemus – aestimemus*
Nebensatz: *ne sciamus – ne quis invidere possit*
Im Hauptsatz drückt der Konjunktiv Präsens (1. Pers. Pl.) einen Wunsch oder eine Aufforderung aus, die sich auch auf den Sprecher und den oder die Angesprochenen beziehen kann. In der deutschen Übersetzung kann man die Konjunktive im Hauptsatz hier zum Beispiel mit „lass uns ..." oder „wir wollen ..." übersetzen.
Im Nebensatz wird der Wunsch schon durch die Konjunktion *ne* „dass/damit nicht" ausgedrückt, sodass man die Verbform einfach mit Indikativ übersetzen kann.
Aufforderungen oder Wünsche gibt es im Text auch in Form von Imperativen:
da (mihi basia): „gib (mir Küsse)"
In der 2. Pers. können Aufforderungen auch durch den Konjunktiv Präsens ausgedrückt werden, was etwas höflicher klingt als der direkte Imperativ:
desinas: „du könntest mal aufhören"
hoc perditum ducas: „das solltest du für verloren halten"

5 An sich selbst

Der Sprecher des Gedichts führt eine Art Selbstgespräch: Er bedauert sich zunächst selbst und klagt dann ein Mädchen an. Das Gedicht ist in einem Versmaß geschrieben, das in der griechischen Dichtung besonders für komische oder satirische Texte verwendet wurde.

SPRACHLICHE UND INHALTLICHE VORERSCHLIEẞUNG

1 Gib die Verse an, in denen sich der Sprecher selbst anredet, und die, in denen er die *puella* anspricht.

2 Nenne die Wörter, die im Gedicht wiederholt verwendet werden, und stelle Vermutungen über die beabsichtigte Wirkung an.

Carmen 8 (Hinkjamben)

Miser Catulle, desinas ineptire,
et, quod vides perisse, perditum ducas.
Fulsere quondam candidi tibi soles,
cum ventitabas, quo puella ducebat
amata nobis, quantum amabitur nulla.
Ibi illa multa cum iocosa fiebant,
quae tu volebas nec puella nolebat,
fulsere vere candidi tibi soles.
Nunc iam illa non vult: tu quoque, impotens, noli,
nec, quae fugit, sectare, nec miser vive,
sed obstinata mente perfer, obdura.
Vale puella, iam Catullus obdurat,
nec te requiret nec rogabit invitam.
At tu dolebis, cum rogaberis nulla.
Scelesta, vae te, quae tibi manet vita?
Quis nunc te adibit? Cui videberis bella?
Quem nunc amabis? Cuius esse diceris?
Quem basiabis? Cui labella mordebis?
At tu, Catulle, destinatus obdura!

ineptīre: dumm sein
perditus, -a,- um: verloren
fulgēre, fulgeō, fulsī: glänzen, leuchten
sōlēs *m. Pl.*: *(hier)* sonnige Tage
ventitāre: häufig gehen
quantum: *(hier)* wie

sectārī: verfolgen, nachjagen
obstinātus, -a, -um: entschlossen, konsequent
obdūrāre: standhaft sein
valē!: leb wohl!
rogāre: *(hier)* begehren

vae + Akk.: weh(e)

mordēre, mordeō: beißen

2 dūcere + *dopp. Akk.*: etw. für etw. halten; *konstruiere:* dūcās (id) perditum, quod perīsse vidēs; *der Relativsatz weist eine Verschränkung auf:* „(das,) wovon du siehst, dass es verloren ist“ – 3 fulsēre = fulsērunt, *Perf. zu* fulgēre – 5 nōbīs: *Dat. auctoris:* von uns – 6 Ibi … fiēbant: *ordne* cum ibi illa multa iocōsa fiēbant – 7 nec … nolēbat: *doppelte Verneinung als Verstärkung* – 9 iam … nōn = nōn iam – impotēns: *(Vokativ)* du Machtloser!, machtlos! – nōlī: *Imperativ von* nōlle – 10 nec … sectāre: *Imperativ des Deponens; ordne und ergänze* nec sectāre (eam), quae fugit – miser: *hier Adverb* – 14 rogāberis nūlla: du wirst überhaupt nicht mehr begehrt – 17 cūius esse dīcēris: was wird man sagen, wem du gehörst?

GRUND- UND LERNWORTSCHATZ

dēsinere, dēsinō, dēsiī, dēsitum + *Infinitiv*	aufhören (etw. zu tun)
perīre, pereō, periī, peritūrum	untergehen
iocōsus, -a, -um	scherzhaft, vergnüglich, spaßig
candidus, -a, -um	hell, weiß, strahlend
perferre, perferō, pertulī, perlātum	überbringen; dulden, ertragen
requīrere, requīrō, requīsīvī, requīsītum	aufsuchen, fragen nach, verlangen
invītus, -a, -um	unwillig, gegen den Willen (von jdm.)
scelestus, -a, -um	schändlich, frevelhaft
bāsiāre, bāsiō, bāsiāvī, bāsiātum	küssen
labellum, -ī *n.*	Lippe

ANALYSE UND INTERPRETATION

3 Untersuche den Text nach dem Stilmittel der Wortwiederholung (Polyptoton) und erläutere die jeweilige Funktion.

4 Das Versmaß des Gedichts wurde in der Antike vor allem in Spottgedichten verwendet: Zeige, wo dies im Gedicht nachweisbar ist, und erörtere, ob vielleicht auch der Sprecher selbst verspottet wird.

5 Erörtere, ob die Beziehung zwischen dem Sprecher und der *puella* schon beendet ist oder ob es sich nur um eine Krise handelt.

6 Setze die Karikatur mit dem Gedicht in Beziehung und verfasse eine Antwort des angesprochenen Luftballons.

6 An Aurelius und Furius

Zwei Bekannte Catulls namens Aurelius und Furius scheinen sich über Catulls Art zu dichten beschwert zu haben. Catull antwortet ihnen mit einem ziemlich drastischen Gedicht und wirft ihnen vor, sie hätten keine Ahnung von Dichtung.

SPRACHLICHE UND INHALTLICHE VORERSCHLIEẞUNG

1 In dem Gedicht geht es u. a. um die Frage, wie Catulls Gedichte sind und wie Catull selbst ist. Suche aufgrund der Vokabeln Hinweise hierauf.

Carmen 16 (Hendekasyllabus)

Ich mach euch fertig und zeig euch,
dass ich ein richtiger Kerl bin,
Aureli pathice et cinaede Furi,
qui me ex versiculis meis putastis,
quod sunt molliculi, parum pudicum.
Nam castum esse decet pium poetam
ipsum – versiculos nihil necesse est;
qui tum denique habent salem ac leporem,
si sunt molliculi ac parum pudici,
et, quod pruriat, incitare possunt,
non dico pueris, sed his pilosis.
(…)
Vos, quod milia multa basiorum
legistis, male me marem putatis?
Ich mach euch fertig und zeig euch,
dass ich ein richtiger Kerl bin!

pathicus, -ī *m.*: Schwächling
cinaedus, -ī *m.*: Wüstling, Bock
versiculus, -ī *m.*: Verslein
molliculus, -a, -um: weichlich, zart
pius, -a, -um: *(hier)* ordentlich
nihil: *(hier Adv.)* überhaupt nicht
tum dēnique: dann wenigstens
sāl, salis *m.*: Salz, Witz
lepōs, -ōris *m.*: Anmut, Charme

pilōsus, -a, -um: behaart, *(hier Subst.)* alter/altersschwacher Mann

mās, māris *m.*: männlich, *als Subst.* ein richtiger Mann

1 *Vers 1, der am Ende des Gedichts wiederholt wird, ist im Lateinischen sehr drastisch und wird hier sinngemäß wiedergegeben* – 2 Aurēlī, Fūrī: *Vokative zu* Aurēlius *bzw.* Fūrius – 4/5 quī … pudīcum: *ordne* quī ex versiculīs putāvistis mē parum pudīcum (esse); putāstis = putāvistis – 6 versiculōs: *ergänze* versiculōs castōs esse nihil necesse est – 8 nōn dīcō puerīs, sed: ich sage das nicht für Jungs, sondern … – 9 quod prūriat incitāre: (sexuell) erregen – 12 mīlia multa bāsiōrum: *Anspielung auf Carmen 5, in dem viele tausend Küssen erwähnt sind, die die Freundin geben soll* – 13 male: *hier gleich* nōn

GRUND- UND LERNWORTSCHATZ

decet + *AcI*	es gehört sich, dass …
necesse est + *AcI*	es ist nötig, dass …
parum *Adv.*	zu wenig; kaum, nur wenig
pudīcus, -a, -um	anständig
castus, -a, -um	keusch, anständig

ANALYSE UND INTERPRETATION

2. Stelle Ausdrücke zu den Sachfeldern „Dichtung“ und „Erotik/Liebe“ aus dem Gedicht zusammen.
3. Stelle die einzelnen Vorwürfe gegenüber dem Dichter sowie dessen Gegenargumente zusammen. Nimm dazu Stellung anhand der Eindrücke, die du selbst von Catulls Gedichten gewonnen hast.
4. Charakterisiere anhand des Gedichts den Sprecher und vergleiche diese Charakterisierung mit deinem Eindruck aus den vorherigen Gedichten.
5. In dem Gedicht spricht sich Catull für eine Trennung zwischen lyrischem Ich und realem Autor aus: Weise dies im Text nach.

Antike Geschlechterrollen: Was ist ein echter Mann?

Wie das Ende des Textes zeigt, versucht der Sprecher im Gedicht sich als echten Mann zu präsentieren. In der römischen Antike besaßen Männer gegenüber Frauen eine herausgehobene Position, wie schon der kaum übersetzbare römische Wertbegriff *vir-tus* zeigt: Dieser bezeichnet alle möglichen guten Eigenschaften, die ursprünglich ein Mann hatte – also z. B. Tapferkeit, Erfolg in Politik und Militär sowie verantwortliches Handeln in der Gesellschaft. Speziell in der Oberschicht, der Catull angehörte, musste ein Mann Führungsqualitäten besitzen und durfte keine Schwäche zeigen – v. a. nicht gegenüber Frauen. Bescheidenheit oder gar Demut waren daher überhaupt keine männlichen Tugenden; Imponiergehabe war hingegen gesellschaftlich akzeptiert. Ein richtiger Mann musste allerdings seine Gefühle kontrollieren können und durfte nicht durch sie beherrscht werden. Erfolg bei Frauen konnte durchaus ein Zeichen für *virtus* sein, solange der Mann die Oberhand hatte. Das lyrische Ich vieler Gedichte Catulls zeigt allerdings eher „unmännliche“ Charaktereigenschaften: Es lässt sich von Gefühlen „übermannen“ und scheint emotional abhängig von Mädchen oder Frauen zu sein.

Sprache und Grammatik: Besondere Perfektformen

Die Verben, die im Perfektstamm ein *-v-* aufweisen, bilden vielfach verkürzte Perfektformen:
putāstis < *putāvistis* („ihr habt geglaubt“)
cessāstī < *cessāvistī* („du bist gewichen“)
dōnārunt < *dōnāvērunt* („sie haben geschenkt“)
nōsse < *nōvisse* („kennen“)

In der 3. Pers. Pl. verwendet Catull häufig die ältere Perfektendung *-ēre* statt *-ērunt*:
fuēre = *fuērunt* („sie sind gewesen“)
fulsēre = *fulsērunt* („sie haben geglänzt“)
optāvēre = *optāvērunt* („sie haben gewünscht“)
iunxēre = *iunxērunt* („sie haben verbunden“)

7 Ein abgenutztes Mädchen

Der Dichter ist seiner Lesbia nicht treu: Er hat nebenher noch weitere Liebschaften, so auch mit Prostituierten oder Hetären. Das folgende Gedicht ist einer solchen *puella* namens Ameana gewidmet. Mit Ameana unterhielt jedoch auch Catulls Intimfeind und Konkurrent Mamurra – ein (laut Catull) Dichter und Freund Caesars – eine Beziehung.

SPRACHLICHE UND INHALTLICHE VORERSCHLIEßUNG

1 Stelle die Personen zusammen, die im Gedicht erwähnt werden.
2 Erschließe, was man über Ameana im Gedicht erfährt.

Carmen 41 (Hendekasyllabus)

Ameana puella defututa
tota milia me decem poposcit,
ista turpiculo puella naso,
decoctoris amica Formiani.
Propinqui, quibus est puella curae:
amicos medicosque convocate!
Non est sana puella; nec rogare,
qualis sit, solet aes imaginosum.

turpiculus, -a, -um: ziemlich hässlich
dēcoctor, -ōris *m.*: Verschwender, Pleitemacher *(gemeint ist Mamurra; mehr zu ihm siehe S. 29)*
aes imāginōsum, aeris imāginōsī *n.*: Spiegel

1 dēfutūta: *(von vielen Männern)* verbraucht, abgenutzt – 2 tōta mīlia decem: ganze 10 000 *(As oder 10 000 Sesterzen = 25 000 As, eine übertrieben hohe Summe)* – 3 turpiculō nāsō: *hier Abl. qualitatis* – 4 Formiānus: aus Formiae *(eine Stadt südl. von Rom, Geburtsort Mamurras)* – 5 cūrae esse + *Dat.*: jdm. am Herzen liegen

GRUND- UND LERNWORTSCHATZ

poscere, poscō, poposcī, - + *dopp. Akk.*	etw. von jdm. fordern
propinquus, -ī *m.*	Verwandter
nāsus, -ī *m.*	Nase
medicus, -ī *m.*	Arzt
sānus, -a, -um	gesund

ANALYSE UND INTERPRETATION

3 Erkläre die witzigen Elemente des Gedichts.
4 Arbeite heraus, wie Catull Mamurra in dem Gedicht verspottet.
5 Mamurra war ein Konkurrent Catulls. Stelle Vermutungen darüber an, wie Mamurra reagiert haben könnte, nachdem Catull dieses Gedicht veröffentlicht oder in einem größeren Kreis vorgetragen hat.

Prostitution und Hetären in der Antike

Wandmalerei mit der Darstellung mehrerer Frauen und einer Kitharaspielerin, vermutlich eine Hetäre, vor 79 n. Chr.; Neapel, Archäologisches Nationalmuseum

In der Antike war es für viele Männer üblich, auch für die Öffentlichkeit sichtbar zu Prostituierten zu gehen oder sogar längere Beziehungen zu Hetären zu unterhalten. Es war für die unverheirateten jungen Männer der reichen Oberschicht ganz normal, in solchen Beziehungen erste Erfahrungen zu sammeln.

Die jungen Männer suchten sich ihre Ehefrauen auch nicht selbst aus, sondern Ehen wurden in der Oberschicht aus politischen, gesellschaftlichen oder finanziellen Gründen geschlossen. Dies begünstigte die Neigung vieler Männer zu außerehelichen Beziehungen, zumal der Umgang mit Prostituierten rein rechtlich nicht einmal als Ehebruch galt. In der ausgehenden Republik prahlten reiche Männer gern öffentlich mit ihren hübschen und kostspieligen Hetären, die Ausweis ihres Reichtums und guten Geschmacks waren. Insofern spielte es innerhalb der sozialen Konkurrenz der römischen Nobilität eine wichtige Rolle, nicht nur das teuerste und schönste Haus, die geschmackvollsten Möbel oder das größte Landgut zu besitzen, sondern auch möglichst die beste Hetäre.

Die Männer der unteren sozialen Gruppen gingen ebenfalls häufig zu Prostituierten *(meretrices, lupae)*, die im Bordell *(lupanar)* arbeiteten. Auch die weiblichen Bedienungen in Gasthäusern und Kneipen waren meist nebenher als Prostituierte tätig. Der Preis für solche Prostituierte war vergleichsweise niedrig und betrug mit wenigen As kaum mehr als der für eine Mahlzeit.

8 Ein Gedicht an die Gedichte

Eine *puella* (ist es Ameana? oder vielleicht Lesbia?) scheint dem Dichter ein Notizbuch mit Gedichten gestohlen zu haben. Nun ruft er die Verse (Hendekasyllaben) dazu auf herbeizukommen, um ihm bei der Wiederbeschaffung der verlorengegangenen Gedichte zu helfen.

SPRACHLICHE UND INHALTLICHE VORERSCHLIEßUNG

1 Stelle die Anreden an die Verse zusammen und erschließe, was diese jeweils tun sollen.

Carmen 42 (Hendekasyllabus)

Adeste, hendecasyllabi, quot estis
omnes undique, quotquot estis omnes.
Iocum me putat esse moecha turpis
et negat mihi vestra reddituram
pugillaria, si pati potestis.
Persequamur eam et reflagitemus.
Quae sit, quaeritis? illa, quam videtis
turpe incedere, mimice ac moleste
ridentem catuli ore Gallicani.
Circumsistite eam, et reflagitate:
„Moecha putida, redde codicillos,
redde, putida moecha, codicillos!“
Non assis facis? o lutum, lupanar,
aut si perditius potest quid esse.
Sed non est tamen hoc satis putandum.
Quodsi non aliud potest, ruborem
ferreo canis exprimamus ore.
Conclamate iterum altiore voce:
„Moecha putida, redde codicillos,
redde, putida moecha, codicillos!“
Sed nil proficimus, nihil movetur.
Mutanda est ratio modusque nobis,
si quid proficere amplius potestis:
„Pudica et proba, redde codicillos!“

quotquot: wie viele auch immer
iocus, -ī *m.*: *(hier)* Gegenstand des Spottes, Gespött
moecha, -ae *f.*: Schlampe, Hure

reflāgitāre: zurückfordern
incēdere, incēdō: *(hier)* daherkommen
mīmicus, -a, -um: schauspielerisch, affektiert
molestus, -a, -um: *(hier)* peinlich
circumsistere, circumsistō: umstellen, bedrängen
pūtidus, -a, -um: widerlich

lutum, -ī *n.*: Dreck
lupānar, -āris *n.*: Bordell

quodsī: wenn aber
potest: hier hilft
ferreus, -a, -um: hier frech
altus, -a, -um: *(hier)* laut

prōficere, prōficiō: ausrichten, erreichen

4 negat … pugillāria: *ordne und ergänze* (moecha) negat (sē) mihī vestra pugillāria reddītūram (esse); *mit* vestra *sind die Verse angesprochen* – 5 sī patī potestis: wenn ihr das zulassen wollt – 6 reflāgitēmus: *ergänze* ea (pugillāria) – 7 quae: *hier gleich* quis – 8 turpe: *hier Adverb* – 9 catulī ōre Gallicānī: wie ein gallisches Hündchen – 13 nōn assis facere: sich nicht drum kümmern – 14 sī … quid: wenn etwas – 15 hoc: *gemeint sind die Forderungen von Vers 11/12* – 16 ōre canis exprimere: aus dem Hundsgesicht herauspressen – 21 nīl = nihil – 22 ratiō modusque: Strategie – 23 sī quid: *ergänze davor* „seht zu“, „versucht“; sī: *(hier)* ob; quid amplius: etwas mehr

GRUND- UND LERNWORTSCHATZ

quot	so viele wie; wie viele
undique *Adv.*	von allen Seiten
turpis, -e	schändlich, böse, schlimm
pugillāria, pugillārium *n. Pl.*	Schreibtäfelchen
persequī, persequor, persecūtus sum	verfolgen
ōs, ōris *n.*	Gesicht; Mund
perditus, -a, -um	verworfen; unglücklich; verloren
rubor, rubōris *m.*	(Schames-)Röte
canis, canis *m./f.*	Hund/Hündin
cōdicillus, -ī *m.*	Notizbüchlein
probus, -a, -um	ehrbar, anständig

ANALYSE UND INTERPRETATION

2 Erkläre, wie der Sprecher seine Verse anredet und was mit dieser Ausdrucksweise erreicht werden soll.

3 Zitiere die Beschimpfungen gegen die *puella* im Gedicht und nenne die lateinischen Schimpfwörter.

4 Erkläre den übertragenen Gebrauch der Wörter *lutum* und *lupanar* in Vers 13.

5 Arbeite das Verhältnis zwischen dem Sprecher und der *puella* heraus, wie es sich aus dem Text auf den ersten Blick für den Leser ergibt.

6 Der letzte Vers enthält eine paradoxe Wendung: Erkläre diese Wendung.

Antike Schreibtäfelchen

In der Antike verwendete man zum Schreiben vielfach kleine Holztäfelchen *(tabellae* oder *pugillaria)*, die mit Wachs bestrichen waren. In dieses Wachs ritzte man mit einem Griffel *(stilus)* seine Notizen, die man bei weichem Wachs durch Glattstreichen leicht wieder tilgen konnte. Je nach Bedarf wurden mehrere solcher Wachstäfelchen aneinander gebunden, so dass sich eine Art kleines Buch ergab. Ein richtiges „Buch" zum Blättern (meist aus Papyrus oder Pergament) wurde in der Antike *codex* genannt.

Schreibtäfelchen mit Spachtel zum Glätten der Wachsoberfläche. Ausschnitt aus einer Wandmalerei, vor 79 n. Chr.; Neapel, Archäologisches Nationalmuseum

9 Wer hat die tollste Freundin?

Der Dichter inszeniert eine Begegnung mit Ameana und beschimpft sie erneut, weil sie mit seiner Lesbia überhaupt nicht zu vergleichen sei.

SPRACHLICHE UND INHALTLICHE VORERSCHLIEẞUNG

1 Nenne die Eigenschaften, mit denen der Dichter die *puella* beschreibt.

Carmen 43 (Hendekasyllabus)

Salve, nec minimo puella naso
nec bello pede nec nigris ocellis
nec longis digitis nec ore sicco
nec sane nimis elegante lingua,
decoctoris amica Formiani.
Ten provincia narrat esse bellam?
Tecum Lesbia nostra comparatur?
O saeclum insapiens et infacetum!

niger, nigra, nigrum: schwarz
siccus, -a, -um: trocken
sānē *Adv.*: gewiss, durchaus
īnsapiēns; *Gen.* **īnsapientis**: geistlos
īnfacētus, -a, -um: geschmacklos

1 puella: *hier Vokativ* – 1–4 nec minimō … linguā: *Die Eigenschaften der* puella *werden mit mehreren Ablativi qualitatis ausgedrückt* – 3 ōs siccum: *vermutlich sabberte die* puella *aus dem Mund* – 5 dēcoctor Formiānus: der Bankrotteur aus Formiae (*Mamurra; siehe S. 29)* – 6 tēn = tē + *Fragepartikel* -ne – prōvincia: *gemeint ist vermutlich die Provinz Gallia Transpadana, wo sich Mamurra mit seiner Freundin aufhielt; in Geschmacksfragen war die Hauptstadt Rom maßgeblich*

GRUND- UND LERNWORTSCHATZ

lingua, -ae *f.*	Zunge; Sprache
comparāre, comparō, comparāvī, comparātum *mit cum + Abl.*	vergleichen mit etw./jdm.

ANALYSE UND INTERPRETATION

2 Stelle aus dem Gedicht ein antikes Schönheitsideal für eine *puella* zusammen. Stelle diesem dann auf Deutsch gegenüber, wie die *puella* hier chrakterisiert wird.
3 Arbeite das Selbstbild heraus, das der Sprecher im Gedicht von sich aufbaut.
4 Heute vermuten die Catull-Spezialisten, dass sich das Gedicht gar nicht unbedingt an eine reale *puella* richtet, sondern dass Mamurras Freundin und Lesbia für unterschiedliche Arten zu dichten stehen. Interpretiere das Gedicht vor diesem Hintergrund.

Poetologische Gedichte

Seit dem 3. Jahrhundert v. Chr., der Epoche des Hellenismus, thematisierten griechische Dichter in ihren Werken auch die Dichtkunst selbst. Gedichte, die um die Dichtkunst kreisen, nennt man „poetologisch", denn sie sprechen quasi über Poesie und Poetik. Häufig versteckten die Dichter allerdings diese poetologische Thematik hinter scheinbar konkreten und andersartigen Themen wie etwa der Liebe und Erotik. In solchen Fällen kann zum Beispiel der Name eines geliebten Mädchens symbolisch für die Liebesdichtung selbst stehen, sodass Beschreibungen für das Mädchen auch auf die Art zu dichten passen: Wenn das Mädchen hübsch und gelehrt ist oder Geschmack besitzt, kann der Leser diese Eigenschaften auf die Gedichte selbst übertragen. Römische Dichter ahmten diese Art poetologischer Dichtkunst nach.

Mamurra – Dichter, Wüstling und Freund Caesars

Catull erwähnt in vielen seiner Gedichte die historische Figur Mamurra. Es handelt sich dabei um einen Angehörigen des Ritterstandes, der aus Formiae im südlichen Latium stammte. Aus verschiedenen Quellen (v. a. durch Catull) sind wir einigermaßen über sein Leben informiert: Mamurra interessierte sich wie Catull für Dichtkunst und scheint auch selbst Gedichte geschrieben zu haben; doch nach Catulls Geschmack war die Qualität dieser Werke gering – erhalten ist aber keines seiner Gedichte. Für Catull muss Mamurra jedoch ein ernst zu nehmender Konkurrent gewesen sein, sonst hätte er ihm nicht so viel poetische Aufmerksamkeit gewidmet. Mamurra war (ganz im Gegensatz zu Catull und seinen Freunden) politisch und persönlich eng mit Caesar verbündet und begleitete ihn in offizieller Mission nach Gallien. Dort soll er sich während der Eroberungszüge Caesars finanziell sehr bereichert haben. Zugleich pflegte er einen verschwenderischen und protzigen Lebensstil: So besaß er in Rom eine luxuriöse Stadtvilla, die noch in der frühen Kaiserzeit bekannt war. Besondere Aufmerksamkeit erregte allerdings seine angebliche sexuelle Beziehung zu Caesar, die Catull in seinen Gedichten verspottet. Mit diesen anzüglichen Gedichten gelang es Catull tatsächlich, das Ansehen Caesars in Rom zu schmälern, wie der kaiserzeitliche Biograph Sueton Anfang des 2. Jahrhunderts n. Chr. berichtet.

10 Iuventius – ein süßer Junge

Catull widmete seine Liebesgedichte nicht nur verschiedenen *puellae*, sondern auch einem Jungen namens Iuventius.

SPRACHLICHE UND INHALTLICHE VORERSCHLIESSUNG

1 Bestimme den Modus der Prädikate.
2 Erschließe anhand der verwendeten Wörter die Wünsche des Sprechers.

Carmen 48 (Hendekasyllabus)

Mellitos oculos tuos, Iuventi,
si quis me sinat usque basiare,
usque ad milia basiem trecenta;
nec numquam videar satur futurus,
non si densior aridis aristis
sit nostrae seges osculationis!

satur, satura, saturum: satt
āridus, -a, -um: trocken
arista, -ae *f.*: Ähre
seges, -etis *f.*: Saat

4 Iuventī: *Vokativ zu* Iuventius – 5 ūsque ad mīlia trecenta: *ergänze* bāsia: bis an die dreihunderttausend Küsse

GRUND- UND LERNWORTSCHATZ

dēnsus, -a, -um	dicht (gedrängt)
ōsculātiō, ōsculātiōnis *f.*	Küssen

ANALYSE UND INTERPRETATION

3 Erkläre das Bild der *aridae aristae* und *seges* (Vers 5/6) und seine Funktion für den Textinhalt.
4 Stelle Vermutungen über die Art der Beziehung zwischen dem Sprecher und Iuventius an. Lies dazu den Text zu Knabenliebe und Homoerotik in der Antike.
5 Schon auf S. 18 gab es mit Carmen 5 ein Kussgedicht: Vergleiche die beiden Gedichte nach Inhalt und Struktur.

Sprache und Grammatik: Den Potentialis erkennen und richtig übersetzen

In lateinischen Hauptsätzen und Konditionalperioden kann der Konjunktiv Präsens (und Perfekt) die Bedeutung eines Potentialis haben, d. h. der Sprecher drückt aus, dass der Inhalt der Aussage möglich ist:

Si me sinas, hoc faciam. – „Wenn du es mir erlauben solltest, würde ich das tun."
Si quis hoc fecerit, stultus sit: – „Wenn das jemand tun sollte, wäre er wohl dumm."

Beachte: Im Deutschen lässt sich dieser Potentialis sprachlich nicht eindeutig vom Irrealis abgrenzen.

Homosexualität in der Antike

In antiken Texten kommt nicht selten die homoerotische Liebe als literarisches Motiv vor. Tatsächlich waren in einigen griechischen Stadtstaaten wie v. a. Sparta und (weniger stark) in Athen homoerotische Beziehungen üblich, und zwar die Beziehung zwischen einem erwachsenen Mann und einem noch heranwachsenden Jungen sowie auch teilweise Beziehungen zwischen ganz jungen Männern. Die homosexuelle Liebe zwischen zwei erwachsenen Männern oder auch zwischen zwei Frauen wurde hingegen normalerweise gesellschaftlich nicht toleriert, auch wenn es keine juristischen Verbote gab.

Entscheidend war nach antiken Moralvorstellungen vor allem, dass ein erwachsener Mann eine Beziehung zu einem unterlegenen Partner hatte, d.h. entweder zu einem jüngeren Knaben oder einer Frau. Insofern ist es nicht ganz korrekt zu behaupten, man sei in der Antike toleranter mit Homosexualität umgegangen als in der Neuzeit.
In Rom scheint sich zumindest die gebildete Oberschicht seit der ausgehenden Republik teilweise an solchen griechischen Vorstellungen orientiert zu haben. In der Dichtung wurde es modern, auch homoerotische Epigramme auf hübsche Knaben zu verfassen; allerdings beruhten diese Gedichte nicht unbedingt auf eigenen Erfahrungen, sondern ahmten literarische Motive aus der griechischen Dichtung nach.

Mann und Knabe beim Küssen. Griechische Vasenmalerei, um 480 v. Chr.; Paris, Louvre

11 An einen Dichterfreund

Mit Catull eng befreundet war der Politiker und neoterische Dichter Licinius Calvus. Wie Catull war auch Calvus politisch ein Gegner Caesars. In dem folgenden Freundschaftsgedicht, das als poetischer Brief gestaltet ist, beschreibt Catull, wie man sich in etwa das Dichten im Freundeskreis vorzustellen hat.

SPRACHLICHE UND INHALTLICHE VORERSCHLIEẞUNG

1 Nenne Hinweise auf die Tätigkeit des Dichtens im Text.
2 Nenne Hinweise auf die freundschaftliche Beziehung zwischen den Dichtern.

Carmen 50 (Hendekasyllabus)

Hesterno, Licini, die otiosi
multum lusimus in meis tabellis,
ut convenerat esse delicatos.
Scribens versiculos uterque nostrum
ludebat numero modo hoc modo illo,
reddens mutua per iocum atque vinum,
atque illinc abii tuo lepore
incensus, Licini, facetiisque,
ut nec me miserum cibus iuvaret
nec somnus tegeret quiete ocellos,
sed toto indomitus furore lecto
versarer, cupiens videre lucem,
ut tecum loquerer simulque ut essem.
At defessa labore membra postquam
semimortua lectulo iacebant,
hoc, iucunde, tibi poema feci,
ex quo perspiceres meum dolorem.
Nunc audax cave sis, precesque nostras,
oramus, cave despuas, ocelle,
ne poenas Nemesis reposcat a te.
Est vehemens dea: laedere hanc caveto!

hesternus, -a, -um: gestrig
ōtiōsus, -a, -um: entspannt
lūdere, lūdō, lūsī: *(hier)* Lustiges dichten
dēlicātus, -a, -um: dem Genuss ergeben
numerus, -ī *m.*: *(hier)* Versmaß
illinc *Adv.*: von dort
lepōs, lepōris *m.*: Anmut
īncēnsus, -a, -um: erregt
facētiae, -ārum *f. Pl.*: Witz
versārī: *(hier)* sich herumwälzen
lūx, lūcis *f.*: *(hier)* Tag(eslicht)
sēmimortuus, -a, -um: halb tot
iūcunde *(Vokativ)*: *(hier)* mein Lieber
dēspuere, dēspuō: ablehnen
vehemēns: *(hier)* streng
laedere, laedō: *(hier)* beleidigen

1 Licinī: *Vokativ zu* Licinius – 3 ut convēnerat: ganz so, wie wir es vereinbart hatten – 6 reddere mūtua: um die Wette dichten – 11 tōtō … lectō: auf dem ganzen Bett – indomitus furōre: aufgekratzt – 13 simul: *(hier)* mit dir zusammen – 14 At dēfessa … iacēbant: *übersetze zunächst die Konjunktion* postquam – 15 lectulō: *Verkleinerungsform von* lectus – 18 cave + *Konjunktiv*: *verneinter Imperativ* – 20 poenās reposcere: bestrafen – Nemesis: *Göttin der Vergeltung* – 21 cavētō + *Infinitiv*: hüte dich (zu)

GRUND- UND LERNWORTSCHATZ

tabella, -ae *f.*	Schreibtäfelchen
uterque, utraque, utrumque (*Gen.* utrīusque, *Dat.* utrīque)	jeder von beiden, beide
iocus, -ī *m.*	Scherz
quiēs, quiētis *f.*	Ruhe

iuvāre, iuvō, iūvī, iūtum	erfreuen
somnus, -ī *m.*	Schlaf
tegere, tegō, tēxī, tēctum	bedecken
lectus, -ī *m.*	Bett
membrum, -ī *n.*	Glied, Körperteil
poēma, poēmatis *n.*	Gedicht
perspicere, perspiciō, perspēxī, perspectum	genau betrachten, sehen, erkennen

ANALYSE UND INTERPRETATION

3 Beschreibe anhand des Textes, wie und in welchem Rahmen Catull Gedichte schrieb.

4 Im Gedicht werden die Gefühle des Sprechers ausführlich beschrieben. Weise die entsprechenden sprachlichen Mittel hierfür im Text nach.

5 Arbeite anhand des Gedichtes die enge Verbindung von Freundschaft und Dichten für Catull heraus.

amicitia unter römischen Männern

Der lateinische Begriff der *amicitia* drückt mehr aus als die deutsche Wiedergabe „Freundschaft" deutlich machen kann. Zum einen bezeichnet er vielfach ein Bündnis auf politischer Ebene, zum anderen eine enge emotionale Verbindung, die häufig deutlich stärker war als die zur (meist nicht aus Liebe geheirateten) Ehefrau. Dies wird zum Beisipiel auch aus Ciceros Briefen deutlich: Seine Freundschaft zu Pomponius Atticus scheint eine stärkere Bindung als die zur Ehefrau Terentia gewesen zu sein. Römische Männer konnten – schon aufgrund der unterschiedlichen Ausbildung und gesellschaftlichen Rollen – meist nur mit männlichen Freunden wirklich auf Augenhöhe kommunizieren. Speziell Catull und Calvus waren durch gemeinsame politische und poetische Interessen eng miteinander verbunden.

Sprache und Grammatik: Das Participium coniunctum angemessen übersetzen

Das lateinische Participium coniunctum ist ein prädikatives Partizip und kann einen ganzen (Neben-)Satz ersetzen und auch mit einem deutschen Nebensatz übersetzt werden. Je nach Partizip (PPA bzw. PPP) werden diese deutschen Nebensätze eingeleitet durch die Konjunktionen: „während, nachdem, als, weil, obwohl, indem …". In einem Gedicht wirken solche Nebensätze oft schwerfällig und passen nicht unbedingt zum poetischen Stil. Hier kann die Beiordnung („und") oder – v. a. beim PPP – die wörtliche Übersetzung treffender sein:

scribens versiculos uterque ludebat: „jeder schrieb Verslein und scherzte";

abii incensus lepore tuo: „ich ging aufgekratzt von deiner Anmut fort".

Hier würde die Übersetzung mit Nebensätzen eher unpoetisch oder sonderbar klingen: „während jeder Verslein schrieb, scherzte er" bzw. „ich ging fort, nachdem ich von deiner Anmut aufgekratzt (worden) war". Im Lateinischen könnte man statt der Partizipien auch konjunktionale Nebensätze verwenden, doch die Wahl einer Partizipialkonstruktion soll den Ausdruck verdichten und den Satz gerade verkürzen. Dies sollte auch in einer deutschen Übersetzung deutlich werden.

12 Heftige Gefühle?

Catull hat ein Gedicht der frühgriechischen Lyrikerin Sappho von der Insel Lesbos ins Lateinische übertragen. Dabei geht es um die Reaktionen des Sprechers beim Anblick eines schönen Mannes, der mit Lesbia zusammen sitzt.

SPRACHLICHE UND INHALTLICHE VORERSCHLIEẞUNG

1 Sammle die Personalpronomina im Gedicht und ordne sie den drei Personen zu.
2 Erschließe die körperlichen Reaktionen des Sprechers.

Carmen 51 (Sapphische Strophe)

Ille mi par esse deo videtur,
ille, si fas est, superare divos,
qui sedens adversus identidem te
  spectat et audit

dulce ridentem, misero quod omnes
eripit sensus mihi: nam simul te,
Lesbia, aspexi, nihil est super mi,
  (Lücke)

lingua sed torpet, tenues sub artus
flamma demanat, sonitu suopte
tintinant aures, gemina teguntur
  lumina nocte.

Otium, Catulle, tibi molestum est:
otio exsultas nimiumque gestis:
otium et reges prius et beatas
  perdidit urbes.

adversus, -a, -um: *(hier)* gegenüber
identidem *Adv.*: immer wieder

torpēre, torpeō: gelähmt sein
dēmānāre: (darunter-)fließen
tintinnāre: klingeln
geminus, -a, -um: doppelt

molestus, -a, -um: *(hier)* schädlich
exsultāre: übermütig sein
gestīre: verlangen

1 mī = mihī – 2 ille: *erg.* mihī vidētur – dīvōs = deōs – 4 tē … audit dulce rīdentem: *übersetze* audit tē dulce rīdere; dulce: *hier Adverb* – 5 miserō: *bezieht sich auf* mī (Vers 1) – 7 nihil: *ergänze* vōcis – est super = superest, *von* superesse „übrig sein" – 10 sonitū suō-pte: durch ihr eigenes Geräusch – 11 gemină *bezieht sich grammatikalisch eigentlich auf* nocte, *inhaltlich aber auf* lūmina; *diese Art von Stilmittel nennt man Enallage (d. h. „Vertauschung" der grammatikalischen Bezüge)*

GRUND- UND LERNWORTSCHATZ

pār, *Gen.* paris	gleich
fās est	es ist erlaubt, rechtens
ēripere, ēripiō, ērēpī, ēreptum	entreißen, rauben
sēnsus, sēnsūs *m.*	Sinn, Verstand, Gefühl
artus, artūs *m.*	Gelenk, (Körper-)Glied
auris, auris *f.*	Ohr
lūmen, lūminis *n.*	Licht, Auge
prius *Adv.*	früher, zuerst
beātus, -a, -um	glücklich, reich

ANALYSE UND INTERPRETATION

3 Zeige am Text, wie Catull Gefühlsregungen beschreibt, und erläutere die sprachlichen Mittel, die er verwendet.

4 Stelle Vermutungen über die Beziehung der Personen an, die im Gedicht eine Rolle spielen.

5 Catull hat sich bei seiner Textgestaltung an eine griechische Vorlage angelehnt (siehe Textkasten). Vergleiche den lateinischen Text mit der Vorlage (z. B. in Textstruktur, Themen, Figuren, Rolle der Gefühle).

6 Es ist umstritten, ob die vierte Strophe (Vers 13–16) zu Catulls Gedicht gehört. Findet Argumente dafür und dagegen und diskutiert gemeinsam darüber.

Sappho

Die griechische Lyrikerin Sappho (um 600 v. Chr.) lebte und wirkte auf der Insel Lesbos. Sie ist die bekannteste weibliche Dichterin aus der Antike. Von ihr sind aus vielen Gedichten einzelne Verse überliefert, die unterschiedliche Themen behandeln. Götterhymnen, Hochzeit und Liebe (auch zu anderen Frauen). In einem der einigermaßen vollständig überlieferten Gedichte beschreibt sie die Gefühlsregungen beim Anblick eines Mannes, der einem vielleicht von der Dichterin selbst geliebten Mädchen nahe ist:

Jener Mann scheint mir den Göttern gleich
zu sein, der dir gegenüber
sitzt und ganz nah deiner süßen
Stimme lauscht

und deinem schönen Lachen, das mein
Herz in meiner Brust aufgewühlt hat;
sobald ich dich kurz ansehe, versagt
mir die Stimme.

Aber auch meine Zunge stockt, und ein feines
Feuer ist mir gleich unter die Haut gekrochen;
mit den Augen sehe ich nichts, es sausen
meine Ohren.

Der Schweiß läuft mir herab und ein Zittern
ergreift mich ganz, grüner als Gras
bin ich, und fast gestorben zu sein
scheine ich mir selbst.

Aber man muss alles wagen …

(Der Rest des Gedichtes fehlt.)

Simeon Solomon, Sappho und Erinna in einem Garten zu Mytilene, Aquarell, 1864; London, Tate Britain

ANALYSE UND INTERPRETATION

7 Beschreibe das Bild. Begründe, welche der beiden Frauen die Dichterin Sappho darstellt, und vergleiche die Stimmung des Bildes mit deinen Eindrücken des Gedichtes.

13 Der Tod des Bruders

Catull berichtet im folgenden Gedicht dem berühmten Redner und Dichter Hortensius Hortalus (hier Ortalus) vom Tode seines Bruders. Das Gedicht weist einen kunstvollen Aufbau auf und lehnt sich an die poetische Technik hellenistischer Vorbilder an: Persönliche und mythologische Themen werden dabei miteinander verbunden.

SPRACHLICHE UND INHALTLICHE VORERSCHLIEẞUNG

1 Nenne Hinweise auf die Themen Trauer und Dichtkunst im Text.

Carmen 65 (elegisches Distichon)

Etsi me assiduo confectum cura dolore
    sevocat a doctis, Ortale, virginibus,
nec potis est dulces Musarum expromere fetus
    mens animi: tantis fluctuat ipsa malis;
namque mei nuper Lethaeo gurgite fratris
    pallidulum manans alluit unda pedem,
Troia Rhoeteo quem subter litore tellus
    ereptum nostris obterit ex oculis.
(Lücke)
    Numquam ego te, vita frater amabilior,
aspiciam posthac? At certe semper amabo,
    semper maesta tua carmina morte canam,
qualia sub densis ramorum concinit umbris
    Daulias, absumpti fata gemens Ityli.
Sed tamen in tantis maeroribus, Ortale, mitto
    haec expressa tibi carmina Battiadae,
ne tua dicta vagis nequiquam credita ventis
    effluxisse meo forte putes animo,
ut missum sponsi furtivo munere malum
    procurrit casto virginis e gremio,
quod miserae oblitae molli sub veste locatum,
    dum adventu matris prosilit, excutitur,
atque illud prono praeceps agitur decursu,
    huic manat tristi conscius ore rubor.

assiduus, -a, -um: unaufhörlich, ständig
sēvocāre: trennen
potis, -e: in der Lage, fähig
flūctuāre: schwanken, erschüttert werden
gurges, gurgitis *m.*: Flut
pallidulus, -a, -um: bleich
alluere, alluō: umspülen
subter + *Abl.*: *(hier)* an
obterere, obterō: bedecken

rāmus, -ī *m.*: Zweig
concinere, concinō: singen
absumptus, -a, -um: tot, entrissen
expressus, -a, -um: *(hier)* übersetzt
crēditus, -a, -um: anvertraut
forte: *(hier)* vielleicht
ut: *(hier)* so wie
mālum, -ī *n.*: Apfel
prōcurrere, prōcurrō: *(hier)* herausfallen
oblītus, - a, -um: *(hier)* vergesslich
locāre: *(hier)* verbergen
prōsilīre: aufspringen
cōnscius, -a, -um: *(hier)* schuldbewusst

2 doctīs virginibus: *gemeint sind die Musen* – 3 Mūsārum fētūs: die Früchte der Musen, Gedichte *(hier Akk. Pl.)* – 5 namque: *hier gleich* nam – gurgite Lēthaeō: *gemeint ist Lethe, der Fluss des Vergessens in der Unterwelt* – 7 Troia … tellūs, Rhoetēō: *der Bruder starb bei Troja, wo es ein Gebirge namens Rhoeteum gibt* – 10 vītā: *Abl. comparationis zu* amābilior – 12 tuā … morte: *Abl. causae* – 14 *Daulias (auch Procne) ist eine mythische Frau, die ihren Sohn Itylus tötete; sie wurde in eine Nachtigall verwandelt und trauert mit ihrem Gesang nachts um ihren Sohn* – 16 Battiada, -ae *m.*: *der griechische Dichter Kallimachos; in der Gedichtsammlung Catulls folgt tatsächlich als nächstes Gedicht die lateinische Übertragung einer Elegie des Kallimachos* – 18 efflūxisse … animō: *von* animō effluere „dem Sinn entfallen, vergessen werden" – 19 missum … mālum: *ein als heimliches Geschenk vom Verlobten geschickter Apfel* – 21/22 quod … excutitur: *Relativsatz, abhängig von* mālum – 22 prōsilit: *Subjekt ist die* puella – 23 illud: *gemeint ist* mālum – prōnō dēcursū: in schnellem Fall – 24 huic: *gemeint ist die* puella

GRUND- UND LERNWORTSCHATZ

cōnfectus, -a, -um	erschöpft
mēns, mentis *f.*	Geist, Denken, Seele
exprōmere, exprōmō, exprōmpsī, exprōmptum	hervorbringen
mānāre, mānō, mānāvī, mānātum	fließen
lītus, lītoris *n.*	Strand
tellūs, tellūris *f.*	Erde, Land
amābilis, -e	lieb, liebenswert
posthāc *Adv.*	in Zukunft
maestus, -a, -um	traurig
umbra, -ae *f.*	Schatten
fātum, -ī *n.*	Götterspruch; Schicksal, Tod
dictum, -ī *n.*	Ausspruch, Wort
nēquīquam *Adv.*	vergebens
vagus, -a, -um	umherschweifend, unbeständig

ANALYSE UND INTERPRETATION

2 Beschreibe, auf welche Weise der Dichter seine Trauer um den toten Bruder darstellt.
3 Erläutere, warum Catull in dem Gedicht, das ja auch veröffentlicht wurde, den berühmten Redner Hortensius erwähnt.
4 Erkläre, warum Catull den Dichter Kallimachos und die mythischen Geschichten erwähnt.
5 Beschreibe die Wortstellung und die grammatischen Bezüge in Vers 7.

Kallimachos von Kyrene

Der griechische Dichter Kallimachos wurde vor 300 v. Chr. in der ehemals griechischen Kolonie Kyrene (heute in Libyen) geboren und starb nach 245 v. Chr.; er arbeitete als Bibliothekar in Alexandria und beschäftigte sich mit Mythen und alten Bräuchen. Bekannt wurde er durch seine anspruchsvollen Dichtungen, die voller gelehrter Anspielungen waren und sich nur an ein kleines, hochgebildetes Publikum richteten. In Rom war er ein wichtiges Vorbild für viele Dichter wie Catull und die Neoteriker, aber auch für Properz oder Ovid. Seine Heimatstadt Kyrene wurde von dem König Battos (7. Jh. v. Chr.) gegründet; daher wird Kallimachos oft der „Battiade“ bzw. „Battos-Sohn“ genannt.

14 Beziehungsprobleme

In zwei Gedichten thematisiert Catull die wechselhafte Entwicklung der Beziehung zu Lesbia: Der Sprecher scheint sich von seiner *puella* zunehmend zu distanzieren.

SPRACHLICHE UND INHALTLICHE VORERSCHLIEẞUNG

1 Nenne das Prädikat, das im ersten Gedicht wiederholt verwendet wird, und bestimme dazu jeweils das Subjekt. Stelle dann Vermutungen über den Inhalt des Gedichts an.

2 Im zweiten Gedicht führt der Sprecher eine Art Gespräch mit Lesbia: Weise dies im Text nach und beschreibe, welche Gefühle der Sprecher dort erwähnt.

Carmen 70 (elegisches Distichon)

Nulli se dicit mulier mea nubere malle
  quam mihi, non si se Iuppiter ipse petat.
Dicit: sed mulier cupido quod dicit amanti,
  in vento et rapida scribere oportet aqua.

rapidus, -a, -um: reißend

2 nōn sī: nicht einmal wenn – 3 sed … quod …: *ordne und ergänze* sed (id), quod …

Carmen 72 (elegisches Distichon)

Dicebas quondam solum te nosse Catullum,
  Lesbia, nec prae me velle tenere Iovem.
Dilexi tum te non tantum ut vulgus amicam,
  sed pater ut gnatos diligit et generos.
Nunc te cognovi: Quare etsi impensius uror,
  multo mi tamen es vilior et levior.
Qui potis est, inquis? quod amantem iniuria talis
  cogit amare magis, sed bene velle minus.

prae + *Akk.*: *(hier)* lieber als
gnātus, -ī *m.*: Sohn, Kind
gener, -ī *m.*: Schwiegersohn
impēnsē *Adv.*: heftig
vīlis, -e: *(hier)* gleichgültig
levis, -e: *(hier)* unwichtig
quī *Adv.*: wie

1 nōsse = nōvisse: *(hier)* lieben – 2 tenēre: *ergänze* tē – 6 mī = mihī – 7 potis est: es ist möglich – 8 bene velle: gernhaben, mögen

GRUND- UND LERNWORTSCHATZ

nūbere, nūbō, nūpsī, nūptum + *Dat.*	*(als Frau)* jdn. heiraten
mālle, mālō, māluī, –	lieber wollen
cupidus, -a, -um	verliebt, begierig
oportet, oportuit	es ist nötig, man muss
vulgus, -ī *f.*	die Leute, die große Masse
ūrere, ūrō, ūssī, ūstum	anzünden; *im Pass.* brennen, verliebt sein
inquam, inquis, inquit	sagen, fragen, antworten

ANALYSE UND INTERPRETATION

3 Beschreibe Form und sprachliche Gestaltung des ersten Gedichts.
4 Erkläre den bildhaften Ausdruck *in vento et rapida aqua scribere* im ersten Gedicht.
5 Beschreibe den Seelenzustand des Sprechers und sein Verhältnis zu Lesbia im zweiten Gedicht.
6 In der ersten Hälfte des zweiten Gedichts verwendet der Dichter Vergleiche: Arbeite die Vergleiche heraus und erläutere, ob sie für die Beschreibung der Gefühle zu einer Geliebten passend sind.
7 Stelle Vermutungen darüber an, wie die Beziehung wohl weitergehen könnte.

Jupiter – ein Gott mit zahlreichen Liebschaften

Im Gedicht wird unterstellt, der Gott Jupiter sei eine Art „Märchenprinz" für Lesbia. Tatsächlich war Jupiter im Mythos der Liebhaber zahlreicher Frauen. Dass sich die Frauen dem Göttervater freiwillig hingaben, wird dagegen nicht berichtet. Meist musste er Listen und Verwandlungstricks anwenden, um an die hübschen Frauen oder Mädchen heranzukommen. Immerhin scheint Europa einigermaßen freiwillig mit dem als Stier verwandelten Jupiter mitgegangen zu sein.

Europa und der Stier. Wandmalerei, vor 79 n. Chr.; Neapel, Archäologisches Nationalmuseum

Sprache und Grammatik: Komparative erkennen und richtig übersetzen

Im Komparativ haben Adjektive die Endungen *-ior, -ioris* (m./f.) und *-ius, -ioris* (n.); sie werden wie die Substantive der konsonantischen Deklination dekliniert: *levior*, Gen. *levioris* „leichter". Die Adverbien haben dieselbe Endung wie das Adjektiv im Akk. Sg. n., nämlich *-ius*: *impensius uror* – „ich brenne heftiger (vor Liebe)".

Die Komparative lassen sich meist auch mit einem deutschen Komparativ übersetzen. Manchmal haben sie aber auch nur eine verstärkende Funktion, hier zum Beispiel „ich brenne *ziemlich* heftig", oder beinhalten eine Wertung: „Ich brenne *allzu* heftig."

ANALYSE UND INTERPRETATION

8 Überlege, welches der Mädchen auf dem Bild Europa darstellt, und begründe deine Vermutung.

15 Die Liebe zu Iuventius und Lesbia

Wie die folgenden Gedichte zeigen, neigt der Sprecher zu Gefühlsschwankungen, was die (erhofften) Partner(innen) angeht. Auch scheinen sich die Beziehungen nicht so zu entwickeln, wie er sich das eigentlich vorgestellt hat.

SPRACHLICHE UND INHALTLICHE VORERSCHLIEẞUNG

1 Finde im ersten Gedicht (Carmen 81) Ausdrücke, die auf die Gefühle des Iuventius schließen lassen.

2 Erschließe im zweiten Gedicht (Carmen 83), wen der Sprecher anredet und was Lesbia tut.

Carmen 81 (elegisches Distichon)

Nemone in tanto potuit populo esse, Iuventi,
bellus homo, quem tu diligere inciperes,
praeterquam iste tuus moribunda ab sede Pisauri
hospes inaurata pallidior statua,
qui tibi nunc cordi est, quem tu praeponere nobis
audes, et nescis, quod facinus facias?

praeterquam: außer
moribundus, -a, -um: *(hier)* sterbenslangweilig
hospes, -itis *m.*: *(hier)* Fremder
inaurātus, -a, -um: vergoldet

1 nēmone = nēmo + *Fragepartikel* -ne – Iuventī: *hier Vokativ* zu Iuventius – 3 ab sēde Pisaurī: aus dem Örtchen Pisaurum; *Pisaurum war eine unbedeutende Provinzstadt im östlichen Italien* – 4 inaurātā statuā: *hier Abl. comparationis*

Carmen 83 (elegisches Distichon)

Lesbia mi praesente viro mala plurima dicit:
haec illi fatuo maxima laetitia est.
Mule, nihil sentis? si nostri oblita taceret,
sana esset: Nunc, quod gannit et obloquitur,
non solum meminit, sed, quae multo acrior est res:
irata est; hoc est: uritur et loquitur.

fātuus, -ī *m.*: Narr, Idiot
mūlus, -ī *m.*: Maulesel, Esel
gannīre: herummeckern
obloquī, obloquor: schimpfen

1 mī: *hier gleich* dē mē – praesente virō: *Abl. abs.; mit dem „Mann" kann sowohl ein Ehemann als auch ein Liebhaber Lesbias gemeint sein* – 2 haec: *übersetze* dies/das – 3 nostrī: *hier gleich* meī – 5 meminit: *ergänze* meī

Carmen 85 (elegisches Distichon)

Odi et amo. Quare id faciam, fortasse requiris.
Nescio; sed fieri sentio et excrucior.

requīrere, requīrō: fragen
fierī, fīō: geschehen, passieren

„Love ande hate", Zeichnung von Eduard Gurevich

GRUND- UND LERNWORTSCHATZ

mihī cordī est	(es) liegt mir am Herzen; ich mag (etw.)
pallidus, -a, -um	bleich
praepōnere, praepōnō, praeposuī, praepositum	voransetzen; vorziehen
praesēns, *Gen.* praesentis	anwesend
plūrimī, -ae, -a	sehr viele
sentīre, sentiō, sēnsī, sēnsum	merken, fühlen, meinen
meminisse, meminī + *Gen. (Perfekt mit Präsensbedeutung)*	sich an etw. erinnern
ōdisse, ōdī *(Perfekt mit Präsensbedeutung)*	hassen
fortāsse *Adv.*	vielleicht
excruciāre, excruciō, excruciāvī, excruciātum	quälen, foltern

ANALYSE UND INTERPRETATION

3 Der Sprecher des ersten Gedichts (Carmen 81) scheint eifersüchtig zu sein: Weise dies am Text nach.

4 Erkläre, was in Carmen 81, Vers 6, mit *facinus* gemeint ist.

5 Erkläre im zweiten Gedicht (Carmen 83) die Besonderheit des Abl. abs. *praesente viro* und finde eine passende Übersetzung.

6 Erkläre, wie sich Lesbia in Carmen 83 verhält und was der Sprecher daraus schließt.

7 Diskutiert, ob euch die Spekulationen des Sprechers plausibel erscheinen.

8 Das dritte Gedicht (Carmen 85) ist wegen seiner knappen Ausdrucksweise *(brevitas)* berühmt. Erkläre, worin diese besteht.

9 Versuche, diese *brevitas* durch eine passende Übersetzung nachzuahmen.

10 Erkläre die Paradoxie, d. h. die (scheinbar) widersprüchliche Aussage in diesem Gedicht. Beachte dabei insbesondere die Verbformen.

11 Beschreibe die abgebildete Zeichnung und begründe, zu welchem der drei Gedichte sie inhaltlich passt.

16 Küssen verboten!

Der Sprecher hat es geschafft, einen Kuss von Iuventius zu bekommen. Allerdings macht ihn dieser Kuss auch nicht wirklich froh.

SPRACHLICHE UND INHALTLICHE VORERSCHLIEßUNG

1 Nenne die Stellen des Gedichtes, an denen es um das Küssen geht.
2 Erschließe die Reaktion des Iuventius auf den Kussversuch.

Carmen 99 (elegisches Distichon)

Surripui tibi, dum ludis, mellite Iuventi,
suaviolum dulci dulcius ambrosia.
Verum id non impune tuli: namque amplius horam
suffixum in summa me memini esse cruce,
dum tibi me purgo nec possum fletibus ullis
tantillum vestrae demere saevitiae.
Nam simul id factum est, multis diluta labella
guttis abstersisti omnibus articulis,
ne quicquam nostro contractum ex ore maneret,
tamquam commictae spurca saliva lupae.
Praeterea infesto miserum me tradere Amori
non cessasti omnique excruciare modo,
ut mi ex ambrosia mutatum iam foret illud
suaviolum tristi tristius elleboro.
Quam quoniam poenam misero proponis amori,
numquam iam posthac basia surripiam.

surripere, surripiō, surripuī: heimlich rauben
impūne *Adv.*: ungestraft
ferre, ferō, tulī: *(hier)* nehmen
suffīxus, -a, -um: aufgehängt
sē pūrgāre + *Dat.*: sich bei jdm. entschuldigen
tantillum *Adv.*: auch nur ein bisschen
saevitia, -ae *f.*: Wildheit, Zorn

commictus, -a, -um: sabbernd
spurcus, -a, -um: eklig
salīva, -ae *f.*: Speichel

iam *Adv.*: *(hier)* augenblicklich
tristis, -e: *(hier)* bitter

numquam iam *Adv.*: nie mehr

1 Iuventī: *hier Vokativ zu* Iuventius – 2 dulcī … ambrosiā: *Abl. comparationis; Ambrosia galt als die Speise der Götter* – 3 amplius hōram: länger als eine Stunde – 6 vestrae: *hier gleich* tuae – 7/8 multīs guttīs … abstersistī: du hast meinen Speichel von deinen Lippen abgewischt – 9 nē quicquam … manēret: damit du dir nichts von meinem Mund einfängst – 10 lupa: *eigentlich die Wölfin, aber im übertragenen Sinne auch eine Prostituierte* – 11 īnfestus Amor: *der Liebesgott ist „feindlich", weil er unglückliche Liebhaber durch die vergebliche Liebe quält* – 12 cessāstī = cessāvistī – 13 foret = esset – 14 elleborus, -ī *m.*: *eine Heilpflanze gegen Wahnsinn* – 15 quam quoniam poenam …: *hier gleich* quoniam eam poenam …

GRUND- UND LERNWORTSCHATZ

suāviolum, -ī *n.*	Küsschen
vērum *Adv.*	jedoch, aber
amplius *Adv.*	mehr (als)
crux, crucis *f.*	Kreuz
flētus, flētūs *m.*	Weinen, Klage
ūllus, -a, -um (*Gen.* ūllīus, *Dat.* ūllī)	irgendein; *Pl.* irgendwelche
articulus, -ī *m.*	Finger
cessāre, cessō, cessāvī, cessātum	aufhören, nachlassen

ANALYSE UND INTERPRETATION

3 Suche die Adjektive aus dem Gedicht heraus und stelle in einer Tabelle die Adjektive mit einer positiven Bedeutung denen mit einer negativen Bedeutung gegenüber.
4 Beschreibe, wie der Sprecher die Reaktionen des Iuventius darstellt.
5 Erstelle ein Charakterbild des Sprechers, wie es sich aus diesem Gedicht für den Leser ergibt.
6 Das Gedicht dürfte auf den antiken Leser oder Hörer witzig gewirkt haben: Weise dies an einigen Stellen nach und erkläre die witzige Wirkung.
7 Beschreibe den Cartoon und erläutere, inwieweit er zum Gedichtinhalt passt.

17 Trauer um den toten Bruder

Catull begleitete den römischen Statthalter *(proconsul)* Memmius bei dessen Aufenthalt (57 v. Chr.) in Bithynien, in der heutigen Türkei. Bei dieser Gelegenheit hat er vielleicht auch das Grab seines Bruders besucht, der in der Nähe des alten Troja gestorben war.

SPRACHLICHE UND INHALTLICHE VORERSCHLIEẞUNG

1 Nenne die Textstellen, die den Tod des Bruders thematisieren.
2 Stelle die Anreden an den toten Bruder zusammen.

Carmen 101 (elegisches Distichon)

Multas per gentes et multa per aequora vectus
    advenio has miseras, frater, ad inferias,
ut te postremo donarem munere mortis
    et mutam nequiquam alloquerer cinerem,
quandoquidem fortuna mihi tete abstulit ipsum;
    heu miser indigne frater adempte mihi.
Nunc tamen interea haec, prisco quae more parentum
    tradita sunt tristes munera ad inferias,
accipe fraterno multum manantia fletu,
    atque in perpetuum, frater, ave atque vale.

īnferiae, -ārum *f. Pl.*: Totenopfer
mūnus, mūneris mortis *m.*: Totengabe
cinis, cineris *f.*: Asche
quandoquidem: da ja
indīgnē *Adv.*: ungerechterweise

trādere, trādō, trādidī, trāditum: *(hier)* darbringen
multum: *(hier)* reichlich

1 *den Gedichtanfang hat Catull an den Beginn der griechischen Odyssee von Homer angelehnt (siehe S. 44)* – 3 und 7/8: *für die Toten goss man am Grab Opferspenden (z. B. Milch und Olivenöl) aus, um die als Geister gedachten Seelen der Verstorbenen zu besänftigen* – 5 tētē = tē – 7–9 haec… flētū: *ordne* accipe haec frāternō flētū multum manantia mūnera, quae prīscō mōre parentum ad trīstēs īnferiās trādita sunt; prīscō mōre parentum: nach alter Väter Sitte – 10 in perpetuum: auf ewig

GRUND- UND LERNWORTSCHATZ

vehī, vehor, vectus sum	sich fortbewegen, fahren
aequor, aequoris *n.*	Meer; *Pl.* Fluten
advenīre, adveniō, advēnī, adventum	ankommen, hinkommen
postrēmus, -a, -um	der letzte
mūtus, -a, -um	stumm
alloquī, alloquor, allocūtus sum	ansprechen, trösten
heu	ach!
adimere, adimō, adēmī, ademptum	wegnehmen, entreißen
frāternus, -a, -um	brüderlich, des Bruders

ANALYSE UND INTERPRETATION

3 Stelle im Gedicht die Wörter zum Sachfeld „Tod" zusammen.

4 Beschreibe, mit welchen sprachlichen Mitteln Catull die Trauer zum Ausdruck bringt.

5 Der erste Vers (Hexameter) könnte den gebildeten Leser zur Vermutung führen, es handele sich bei dem Text um ein Epos in der Art der Odyssee: Arbeite zunächst die Gemeinsamkeit zwischen den Textanfängen heraus; erkläre dann, warum Catull einen solchen Gedichtanfang gewählt hat.

Homer, Odyssee 1,1–5

Nenne mir, Muse, den vielgewanderten Mann (Odysseus), der sehr viel
herumfahren musste, nachdem er das heilige Troja zerstört hatte;
er besuchte die Städte vieler Menschen und lernte ihren Charakter kennen,
und auf dem Meer erlitt er viele Schmerzen in seinem Herzen,
während er versuchte, das Leben seiner Gefährten und die gute Heimkehr zu sichern.

Klage um die Toten

Auf antiken Gräbern wurden häufig Grabsteine mit Gedichten zu Ehren der Toten aufgestellt. Diese Gedichte nennt man dann „Grabepigramme"; sie sind häufig im elegischen Distichon abgefasst. Dieses Versmaß galt in der Antike u. a. als geeignetes Metrum zum Ausdruck der Klage. Der Tote spricht in solchen Grabepigrammen häufig von sich selbst in der 1. Person. Catulls Gedicht ist allerdings kein echtes Grabepigramm, da hier der Dichter den Toten anredet. Allerdings greift es Merkmale dieser aus dem Alltag stammenden Textgattung auf, nämlich das Versmaß, die gewissermaßen dialogische Form und natürlich die Todesthematik.

Der hellenistische Dichter Meleager verfasste ein Trauergedicht auf die verstorbene Heliodora, das vielleicht Vorbild für Catull war:
Tränen will ich dir auch unter der Erde durch die Zeit hindurch, liebe Heliodora, schenken – als Überbleibsel meiner Liebe – bis in den Hades; Tränen, die bitter geweint sind. Am viel beklagten Grabhügel bringe ich mein Totenopfer dar als Mahnmal meiner Sehnsüchte, als Mahnmal meiner Liebe.

ANALYSE UND INTERPRETATION

6 Vergleiche die Verse des Meleager mit Catulls Gedicht.

18 Ein Bündnis mit der *puella*

Gegen Ende von Catulls Gedichtsammlung gibt es einen Text, der auf ein Liebesangebot der *puella* verweist. Dies nimmt der Sprecher zum Anlass, seine Wünsche zu äußern.

SPRACHLICHE UND INHALTLICHE VORERSCHLIEßUNG

1 Analysiere Vers 1 und 2. Bestimme die Konstruktion, die von *proponis* (Vers 1) abhängt.
2 Suche die Adjektive (mit ihren Bezugswörtern) aus dem Text heraus und ziehe daraus Rückschlüsse auf den Inhalt.
3 In dem Gedicht gibt es eine Reihe lateinischer Vokabeln, die man mithilfe von Fremdwörtern oder englischen Wörtern erschließen kann. Stelle sie zusammen und erkläre die jeweilige Bedeutung.

Carmen 109 (elegisches Distichon)

Iucundum, mea vita, mihi proponis amorem
    hunc nostrum inter nos perpetuumque fore.
Di magni! facite, ut vere promittere possit,
    atque id sincere dicat et ex animo,
ut liceat nobis tota perducere vita
    aeternum hoc sanctae foedus amicitiae.

vērē *Adv.*: *(hier)* ehrlich
sincērē *Adv.*: ehrlich
perdūcere, perdūcō: *(hier)* aufrecht halten

1 mea vīta: *gemeint ist die puella* – 2 fore = futūrum esse 3 dī = deī 4 ex animō: von Herzen – 5 tota vita: *Ablativus temporis auf die Frage „wann?"*

GRUND- UND LERNWORTSCHATZ

iūcundus, -a, -um	angenehm, erfreulich
prōpōnere, prōpōnō, prōposuī, prōpositum	hinstellen; anbieten, versprechen
licet, licuit	es ist erlaubt, man kann
foedus, foederis *n.*	Bündnis

ANALYSE UND INTERPRETATION

4 Beschreibe die Stimmung des Sprechers, die sich aus dem Text ergibt.
5 Erkläre, was genau die *puella* dem Sprecher angeboten haben soll.
6 In dem Gedicht greift der Sprecher an mehreren Stellen auf typische römische Werte zurück. Weise dies nach; diskutiert, inwieweit die Anspielung auf solche traditionellen Wertvorstellungen zu einem Liebesgedicht passen.

19 Ein Hymnus auf die Göttin Diana

Catull war ein sehr vielseitiger Dichter: Neben Gedichten mit erotischen und politischen Inhalten behandelt er auch ganz andere Themen. So hat er zum Beispiel auch einen Hymnus auf die Göttin Diana gedichtet. Möglicherweise schrieb Catull diesen Hymnus für ein wirkliches Kultfest der Diana. Bei solchen Kultfesten traten Chöre auf, die die Götterhymnen in einer Prozession sangen.

SPRACHLICHE UND INHALTLICHE VORERSCHLIEßUNG

1. Nenne die Stellen, an denen die Göttin Diana im Gedicht genannt wird und was zu ihren Aufgabenbereichen gehört.
2. Stelle Vermutungen an, wer im Gedicht als Sprecher mit auftritt und wen dieser Sprecher anredet.

Carmen 34 (Sapphische Strophe)

Dianae sumus in fide,
puellae et pueri integri:
Dianam pueri integri
    puellaeque canamus.

O Latonia, maximi
magna progenies Iovis,
quam mater prope Deliam
    deposivit olivam,

montium domina ut fores
silvarumque virentium
saltuumque reconditorum
    amniumque sonantum.

fidēs, -eī *f.*: *(hier)* Schutz

prōgeniēs, -ēī *m./f.*: Kind, *(hier)* Tochter

dēpōnere, dēpōnō, dēposīvī: gebären

virēre, vireō: grünen
saltus, -ūs *m.*: Schlucht
reconditus,- a, -um: verborgen

2–3 integrī: *die Kinder als Mitglieder des Chores mussten kultisch rein sein, d. h. sie waren noch unverheiratet* – 5 Latōnia: Tochter Latonas; *die Göttin Latona brachte auf der Insel Delos (Adj.* Dēlius, -a, -um*) die Zwillinge Apollo und Diana zur Welt; deren Vater war Jupiter; bei der schwierigen Geburt stützte sich Latona an einem Olivenbaum ab* – 6 Iovis: *Gen. zu* Iuppiter; Jupiter – 9 montium … forēs: *übersetze* ut domina montium essēs

GRUND- UND LERNWORTSCHATZ

canere, canō, cecinī, cantum	singen; besingen, preisen
olīva, -ae *f.*	Ölbaum, Olivenbaum
amnis, amnis *m.*	Fluss
sonāre, sonō, sonuī, sonitum	tönen, rauschen

ANALYSE UND INTERPRETATION

3 Finde Zwischenüberschriften für die einzelnen Strophen.
4 Stelle die Wiederholungen im Bereich Wortschatz und Wortstellung zusammen und stelle Vermutungen über ihre Wirkung an.
5 Erläutere den Zuständigkeitsbereich der Diana, wie er sich aus der letzten Strophe ergibt.

Die Göttin Diana

Bei Diana handelt es sich ursprünglich um eine altitalische Göttin. Ihr Name ist mit *dius* „taghell, leuchtend" verwandt und bedeutet demnach „die hell Leuchtende". Sie war möglicherweise schon im Alten Italien eine Mondgöttin und ansonsten vor allem für die wilde Natur im Gegensatz zur zivilisierten Stadt zuständig. Daher besaß sie ursprünglich hauptsächlich außerhalb der Städte ihre Heiligtümer.
Schon früh wurde Diana mit der griechischen Göttin Artemis gleichgesetzt und übernahm auch deren Funktionsbereiche. So wurde aus der italischen Diana eine Jagdgöttin, eine Mondgöttin sowie eine Beschützerin der Mädchen und Frauen, besonders als Helferin bei der Geburt. Am 15. August fand ein besonderes Kultfest für die Diana in Rom statt, weil dies der Gründungstag ihres Tempels auf dem Aventin war. Hierzu kämmten die Frauen ihre Haare besonders schön und veranstalteten eine Prozession zum heiligen Hain der Diana. Bei dieser Gelegenheit baten die Frauen die Göttin um Beistand, d. h. vor allem um eine leichte Geburt oder um Kinderreichtum. Seit der Herrschaft des Augustus wurde Diana häufig zusammen mit ihrem Zwillingsbruder Apollo kultisch verehrt.
Diana ist selbst eine jungfräuliche Göttin, die keine eigenen Kinder hatte. Nach der Christianisierung Roms blieben Reste ihres Kultes in der Verehrung der Heiligen Jungfrau Maria erhalten, so zum Beispiel ihr Festtag am 15. August: Dieser wurde später zum Hochfest „Mariä Himmelfahrt"; an diesem Tag soll Maria in den Himmel aufgenommen worden sein. Zudem wird Maria oft als Himmelskönigin mit einer Mondsichel dargestellt, was auf die alte Funktion der Mondgöttin Diana verweist

Oben: Diana mit Mondsichel im Haar, Marmorstatue, 2. Jahrhundert n. Chr.; Berlin, Staatlichen Museen

Unten: Maria mit dem Kind auf einer Mondsichel, Holzskulptur, um 1510; Bremen, Ludwig Roselius Museum

Der zweite Teil des Diana-Hymnus führt noch einige weitere Namen an, unter denen Diana kultisch verehrt wird und die ihre weiteren Funktionen erkennen lassen.

SPRACHLICHE UND INHALTLICHE VORERSCHLIEẞUNG

6 Stelle die Anreden an Diana zusammen.
7 Erschließe anhand der Verbformen, was Diana tut.

Carmen 34 (Fortsetzung)

Tu Lucina dolentibus
Iuno dicta puerperis,
tu potens Trivia et notho es
dicta lumine Luna.

Tu cursu, dea, menstruo
metiens iter annuum,
rustica agricolae bonis
tecta frugibus exples.

Sis quocumque tibi placet
sancta nomine, Romulique,
antique ut solita es, bona
sospites ope gentem.

puerpera, -ae *f.*: Wöchnerin *(Frau, die gerade ein Kind zur Welt bringt)*
nothus, -a, -um: geliehen

mēnstruus, -a, -um: monatlich
metīrī: durchmessen
annuus, -a, -um: jährlich

sānctus, -a, -um: *(hier)* geheiligt
antīquē *Adv.*: von alters her
sospitāre: segnen

13/14 Lūcīna/Iūnō: *Juno Lucina, die Göttin der Geburt* – 14 (tū) dicta (es): du wirst genannt – 15 Trīvia: *ein Beiname der Diana, die an Weggabelungen (trivia) kleine Heiligtümer hatte* – 19/20 rūsticum … tēctum: ländliches Haus – 21/22 quōcumque … … nōmine: *ordne und ergänze* quōcumque nōmine tibī placet, (eō nōmine) sīs sāncta; *der Konjunktiv* sīs *drückt einen Wunsch aus* – 22–24 Rōmulī … gentem: *gemeint ist das römische Volk* – 23 bonā: *beziehe* bonā ope

GRUND- UND LERNWORTSCHATZ

dolēre, doleō, doluī, –	Schmerz empfinden; weh tun, schmerzen
potēns, *Gen.* potentis	mächtig
lūna, -ae *f.*	Mond
frūx, frūgis *f.*	Frucht
explēre, expleō, explēvī, explētum	ausfüllen, erfüllen
ops, opis *f.*	Hilfe, Kraft; *Pl.* Reichtum

ANALYSE UND INTERPRETATION

8 Finde Zwischenüberschriften für die einzelnen Strophen.
9 Erstelle eine Strukturübersicht über den gesamten Hymnus.
10 In einem Hymnus verwendet man im Allgemeinen eine feierliche, nicht-alltägliche Sprache: Weise dies in dem gesamten Hymnus nach.

Antike Hymnen

Das griechische Wort *hýmnos* bedeutete ursprünglich einfach „Gesang". Doch schon bald bekam es eine speziellere Bedeutung und bezeichnete dann einen „Gesang für eine Gottheit" und überhaupt ein religiöses Lied. Bei kultischen Handlungen sang die Kultgemeinde solche Lieder auf dem Weg zum Altar oder Heiligtum und pries darin die Gottheit, zu deren Ehren die Opfer vollzogen wurden. Begleitet wurde dieser Chor von Instrumenten wie Flöten oder Kithara. Bei bestimmten Götterkulten wurden die Hymnen zudem mit Tänzen aufgeführt (z. B. für Dionysos, Mars). Die Hymnen richteten sich direkt an die Gottheit und hatten die Funktion, die Gottheit auf die Kultgemeinde aufmerksam zu machen und gnädig zu stimmen. Daher haben die antiken Hymnen auch eine relativ festgelegte Form und einen relativ schematischen Aufbau:

1. Die Gottheit wird angesprochen, d. h. ihre Namen werden genannt; oft werden auch familiäre Abstammung und beliebte Aufenthaltsorte der Gottheit aufgezählt.
2. In einer – meist wiederholten – „Du"-Ansprache mit folgenden Relativsätzen und Partizipien werden Macht und Eigenschaften der Gottheit als Grund für die vorgetragenen Bitten angeführt.
3. Schließlich werden die Bitten der Kultgemeinde vorgetragen.

Die echten Kultlieder, die im antiken Mittelmeerraum gesungen wurden, sind zum größten Teil verloren gegangen. Erhalten sind hingegen eine ganze Reihe literarischer Hymnen berühmter Dichter, die sich in Sprache und Stil vermutlich an die eigentlichen, nicht-literarischen Kultlieder anlehnten. Andererseits wurden literarische Kultlieder, die speziell für bestimmte Kultfeste gedichtet wurden, auch wirklich aufgeführt. Dies könnte auch bei Catull und seinem Diana-Hymnus der Fall gewesen sein.

Ave maris stella – ein Marienhymnus

Seit dem frühen Mittelalter ist ein lateinisches Kirchenlied auf die Gottesmutter Maria überliefert, das heute noch bei Gottesdiensten an Marienfesttagen vorgesehen ist (katholisches Gesangbuch „Gotteslob“, Lied Nr. 520). Das Kirchenlied zeigt deutliche Elemente eines Hymnus. Der Name Maria ist gleichlautend mit dem lateinischen Plural *maria* („Meere“); daher sah man einen symbolischen Bezug zwischen ihr und dem Meer.

1. Ave maris stella, Dei mater alma, atque semper virgo, felix caeli porta.	1. Sei gegrüßt, Stern des Meeres, gütige Mutter Gottes, und immer Jungfrau, selige Öffnerin der Himmelstür.
2. Sumens illud „ave“ Gabrielis ore, funda nos in pace, mutans Evae nomen.	2. Du empfingst diesen Gruß („Ave“) aus dem Mund des Erzengels Gabriel; gib uns Frieden, indem du den Namen „Eva“ umdrehst.
3. Solve vincla reis, profer lumen caecis, mala nostra pelle, bona cuncta posce.	3. Löse die Fesseln für die Sünder, bring den Blinden Licht, halte Unheil von uns fern, fordere alles Gute für uns.
4. Monstra te esse matrem, sumat per te preces, qui pro nobis natus tulit esse tuus. (…)	4. Zeige, dass du Mutter bist; durch dich empfange Christus unsere Bitten, der für uns geboren ist und es auf sich nahm, dein Sohn zu sein. (…)
7. Sit laus Deo patri, summo Christo decus, spiritui sancto, tribus honor unus. Amen.	7. Lob sei Gott dem Vater, Christus, dem Höchsten, sei Ruhm und dem Heiligen Geist; *eine* Ehre sei den Dreien. Amen

ANALYSE UND INTERPRETATION

11 Beschreibe den Aufbau des Marienliedes, nenne die Eigenschaften und Aufgaben Marias; erläutere die Beziehung der Gläubigen zur Gottesmutter, wie sie im Lied beschrieben ist.

12 Stelle den antiken Diana-Hymnus dem Marienlied gegenüber: Lassen sich die beiden Liedgattungen vergleichen? Begründe deine Meinung.

Gedichte interpretieren

Besondere Merkmale von Gedichten

Lyrische Texte sind in der Regel ganz anders aufgebaut als längere Prosatexte (z. B. Romane): Sie sind knapp und verdichtet, auf engstem Raum werden mit wenigen Worten oft inhaltlich gehaltvolle Aussagen gemacht. Typisch für viele Gedichte ist neben der prägnanten Form auch das Vorhandensein mehrerer Verständnisebenen, scheinbar alltägliche Ausdrücke enthalten dabei einen symbolischen oder metaphorischen Hintersinn: So kann zum Beispiel bei Catull die Papyrusrolle und manchmal auch eine *puella* für die Dichtung stehen oder der Spatz ein Symbol für Erotik sein.
Besonders Catulls Gedichte sind häufig mehr oder weniger dialogisch gestaltet, es gibt einen Gedicht-Sprecher (das lyrische Ich), der mit anderen Personen, aber auch mit Tieren (etwa einem Spatz) oder manchmal auch Gegenständen (einer Tür) spricht. Anders als erzählende Texte enthalten die meisten Gedichte nicht unbedingt eine fortlaufende Handlung, sondern bringen eher Gefühle, Stimmungen oder Situationen zum Ausdruck.

Interpretationsebenen

Bei der Interpretation von Gedichten kann man drei Ebenen berücksichtigen – das gilt nicht nur für die Lektüre lateinischer Gedichte:

1. Kontext der Gedichte: Hier sollte man sich informieren, wer das Gedicht wann und für wen verfasst hat; auch der Aufführungskontext und die Art der Publikation (als Gedichtbuch oder als Einzelgedicht?) können für das Verständnis wichtig sein. Hierher gehört im Grunde auch die heute veraltete (biografische) Interpretationsrichtung, die die Gedicht-Erlebnisse mit realen Erlebnissen des Dichters gleichzusetzen versucht und dabei nicht zwischen lyrischem Ich und realem Autor unterscheidet. Zum Kontext der Gedichte gehören schließlich die literarischen Vorbilder, die der Dichter nachahmt oder auf die er sich in seinen Gedichten bezieht: Man kann die Gedichte also auch auf einer „intertextuellen" Ebene interpretieren, indem man die Bezüge „zwischen den Texten" (Vorbild und Catull-Gedicht) herausarbeitet.
2. Form der Gedichte: Hier geht es im Prinzip immer um die Kernfrage: Wie wird was im Text sprachlich zum Ausdruck gebracht? Dabei sind der Aufbau des Gedichtes, seine sprachlich-stilistische Gestaltung, Umfang und Versmaß wichtig. Auch die Sprechsituation spielt eine Rolle, also der Numerus der Verbformen (Prädikate): Gibt es einen Ich-Sprecher (1. Pers.), kommen auch ein oder mehrere Dialogpartner vor (2. Pers.) oder ist das Gedicht wie ein erzählender Text gestaltet (3. Pers.)?
3. Persönlich-kreativer Zugang: Ganz unabhängig von solchen eher historisch-formalen Interpretationsmethoden hat ein Gedicht natürlich immer eine spontane Wirkung auf seine Leserinnen und Leser, die individuell ganz unterschiedlich sein kann. Ein lateinisches Gedicht kann (wie eigentlich jedes andere Gedicht auch) meist nicht wirklich „übersetzt" werden, weil immer irgendwelche Eigenarten des Originals verloren gehen: die metrische Form, die Kürze des Ausdrucks, die Mehrdeutigkeit mancher lateinischer Ausdrücke und anderes. Man kann aber eine freie Nachdichtung verfassen, um wenigstens ein Merkmal, das einem persönlich wichtig ist, besonders herauszustellen. Schließlich kann man ein Gedicht auch in eine andere Textsorte (auf Deutsch) umwandeln, um so die Eigenarten des Gedichts besser zu verstehen: So könnt ihr beispielsweise das Gedicht auf den toten *passer* (Carmen 3) in eine Todesanzeige für eine Zeitung umschreiben und dann die unterschiedliche Wirkung von Vorlage und Umarbeitung vergleichen.

Praktische Arbeitsaufträge zur Interpretation

Wenn ihr diese Ausführungen berücksichtigt, könnt ihr auch ohne Anleitung einer Lehrkraft und ohne die Arbeitsaufträge in dieser Textausgabe selbstständig Gedichte interpretieren. Hierzu lassen sich folgende Arbeitsaufträge als kleiner Leitfaden formulieren, den ihr im Unterricht arbeitsteilig bearbeiten könnt; es sind natürlich nicht für jedes Gedicht alle Arbeitsaufträge immer gleich wichtig oder bearbeitbar (z. B. Entstehungskontext des Gedichts), und vielleicht fallen euch auch noch andere wichtige Aspekte ein.

Kontext

- Ermittle, wer für wen dichtet.
- Recherchiere den Entstehungskontext des Gedichts.
- Informiere dich über die Personen, Gegenstände oder Mythen, die im Gedicht genannt werden.
- Vergleiche das Gedicht gegebenenfalls mit literarischen Vorbildern und arbeite die Unterschiede und Gemeinsamkeiten heraus.

Formale Analyse

- Bestimme das Versmaß des Gedichts.
- Bestimme die Sprechsituation des Gedichts und beschreibe gegebenenfalls die subjektive oder dialogische Gestaltung.
- Beschreibe den Aufbau des Gedichts.
- Benenne die Stilmittel und erläutere ihre Funktion für die Gedichtaussage.
- Arbeite die unterschiedlichen Verständnisebenen des Gedichts heraus und erläutere gegebenenfalls die Metaphorik/Symbolik bestimmter Ausdrücke oder Passagen.
- Benenne wiederkehrende literarische Motive im Gedicht (z. B. Liebe, Freundschaft, Polemik, Poetologisches u. ä.).
- Vergleiche das lateinische Gedicht mit einer deutschen Übersetzung und beschreibe die Unterschiede.

Persönlich-kreativer Zugang

- Beschreibe die Wirkung des Gedichts auf dich persönlich und tausche dich darüber mit anderen Lesern aus.
- Verfasse eine eigene poetische Nachdichtung des Gedichts und erläutere dein Vorgehen und deine Schwerpunktsetzungen.
- Schreibe das Gedicht in eine andere Textsorte um und vergleiche den Ausgangstext mit deinem Text.

„Falsche" oder „richtige" Interpretation?

Im Schulunterricht werden Interpretationen häufig benotet. Hier stellt sich entsprechend die Frage, ob man ein Gedicht auch „falsch" oder „richtig" interpretieren kann. Für Schüler steht dabei meist das Ergebnis, das man notfalls auch in wenigen Stichpunkten nennen könnte, im Vordergrund. So könnte etwa – je nach subjektivem Eindruck – eine „richtige" (oder auch „falsche") Interpretation der *passer*-Gedichte (Carmen 2 und 3) eine ironische oder parodistische Deutung der Texte sein. Wichtiger als das eigentliche Ergebnis ist aber der eigentliche Prozess des Interpretierens, also der Weg zum Ergebnis. Dazu gehört ein methodisch nachvollziehbares Arbeiten am Text, bei dem Aussagen und Interpretationsergebnisse durch Textbelege unterstützt werden. Weiter gehört dazu eine klare und verständliche Sprache, die möglichst auch die im Unterricht eingeführte Fachterminologie (z. B. Stilmittelbezeichnungen, „lyrisches Ich", „poetologisch" u. ä.) einschließt. Eine Interpretation muss in sich klar gegliedert und logisch aufgebaut sein – gleichgültig, ob es sich um eine mündliche Präsentation oder einen schriftlichen Aufsatz handelt. Wenn man diese Gesichtspunkte berücksichtigt, spielt das eigentliche Interpretationsergebnis keine so wichtige Rolle mehr, denn hierüber kann man tatsächlich ganz unterschiedlicher Auffassung sein – dies ist gerade auch in der wissenschaftlichen Forschung zu Catull-Gedichten immer wieder der Fall.

Grundwissen

1 Griechische Lyrik

Lyrische Texte sind aus allen Epochen der griechischen Literaturgeschichte von der Archaik (7. Jahrhundert v. Chr.) über die Klassik (6. und 5. Jahrhundert v. Chr.) und den Hellenismus (4.–1. Jahrhundert v. Chr.) bis in die römische Kaiserzeit (1.–6. Jahrhundert n. Chr.) überliefert.
Für Catull waren vor allem folgende griechische Lyriker als literarische Vorbilder wichtig:

Sappho: Die berühmte griechische Dichterin lebte im 6. Jahrhundert v. Chr. auf der Insel Lesbos, wo sie einen Kreis junger Mädchen um sich versammelte und in den musischen Künsten unterrichtete. Sie verfasste Gedichte zu unterschiedlichen Themen wie Liebe, Hochzeit, Freundschaft oder Mythologie, die meist einen starken persönlichen Bezug aufweisen. Heute sind nur noch Fragmente ihrer Gedichte erhalten.

Kallimachos: Der hellenistische Dichter Kallimachos stammte ursprünglich aus Kyrene (heute in Libyen) und wirkte im 3. Jahrhundert v. Chr. als Bibliothekar in der ägyptischen Stadt Alexandria. Ägypten wurde nach dem Tod Alexanders des Großen von der griechischen Dynastie der Ptolemäer beherrscht, und die Hauptstadt Alexandria war im Hellenismus das wichtigste Zentrum griechischer Kultur und Literatur. Kallimachos verfasste viele gelehrte Dichtungen (Hymnen, Elegien, Jamben, Epigramme) zu religiösen, mythologischen und erotischen Themen. Er verband Gelehrsamkeit mit der Dichtkunst und wurde damit für die späteren römischen Dichter ein wichtiges Vorbild.

2 Römische Lyrik

In Rom gab es schon aus archaischer Zeit einzelne Kultlieder, lateinisch *carmina*, die zu bestimmten Götterfesten (z. B. zu Ehren des Gottes Mars) gesungen wurden. Allerdings handelt es sich hierbei eigentlich nicht um literarische Texte. Die Gattung Lyrik ist in Rom erst seit der zweiten Hälfte des 2. Jahrhunderts v. Chr. bezeugt: Durch den griechischen Kultureinfluss lernte die gebildete römische Oberschicht die Dichtung der Griechen kennen und schätzen. Einige vornehme Römer und Politiker wie der Konsul und Feldherr **Quintus Lutatius Catulus** dichteten selbst neben der politischen Tätigkeit Epigramme, die teilweise sogar in griechischer Sprache abgefasst sind.
Im 1. Jahrhundert v. Chr. gab es schon eine ganze Reihe römischer Dichter, die kleinere poetische Gattungen bevorzugten. Bekannt sind vor allem die **Neoteriker**, die als besonders „moderne" Dichter auftraten. Die Bezeichnung „Neoteriker" leitet sich von griechisch *neóteroi* „die Neueren" ab und wurde von Cicero für diese Gruppe von Dichtern verwendet. Die Neoteriker lehnten sich besonders an die Dichtungsart der hellenistischen Dichter wie Kallimachos an, ahmten aber auch archaische Lyriker wie Sappho nach. Ihnen war die Verbindung von Gelehrsamkeit und Dichtkunst wichtig.
Bekannt sind folgende neoterische Dichter:

Gaius Helvius Cinna: Er stammte aus einer vornehmen Familie in der Po-Ebene und war mit Caesar verwandt. Cinna war ein aktiver Politiker (Senator, Volkstribun 44 v. Chr.). Er dichtete ein kleines mythologisches Epos namens *Zmyrna* und war eng mit Catull befreundet.

Licinius Macer Calvus: Er war ein politisch aktiver Redner und Konkurrent Ciceros. Calvus dichtete ein kleines Epos namens *Io* und verfasste Spottgedichte gegen Caesar und andere populare Politiker. Auch er war ein Freund Catulls.

Gaius Memmius: Er war ein Schwiegersohn des Diktators Sulla und Gegner Caesars. Als Provinzverwalter in Bithynien wurde er von

Catull begleitet. Memmius interessierte sich für griechische Literatur und dichtete auch selbst.

Gaius Valerius Catullus: Der bekannteste Neoteriker war Catull, der aus dem heute norditalienischen Verona stammte. Geboren wurde er um 87/86 v. Chr.; gestorben ist Catull nach 55 v. Chr.Seine Familie beherbergte Caesar auf dessen Reisen von und nach Gallien, allerdings greift Catull selbst Caesar in seinen Gedichten an. Zudem war der Dichter mit dem Caesar-Gegner Manlius Torquatus befreundet. Catull unterhielt überhaupt enge Beziehungen zu den optimatischen Kreisen und deren Politikern wie z. B. Hortensius. Er reiste im Stab des bithynischen Provinzverwalters Memmius (s. o.) nach Kleinasien, vermutlich um so seine politische und militärische Karriere zu beginnen. In seinen Gedichten berichtet Catull von der Liebe zu einer Lesbia, aber auch zu einem Iuventius, wobei der historische Gehalt dieser Liebesbeziehungen heute nicht mehr zu klären ist.

In der Zeit nach Catull entwickelte sich die römische Lyrik weiter: Der Epiker Vergil (70–19 v. Chr.) verfasste in seiner Jugend Gedichte im neoterischen Stil. Die Liebeselegiker Tibull (um 54–19 v. Chr.), Properz (um 47–15 v. Chr.) und Ovid (43 v. Chr. – 17 n. Chr.) griffen Motive auf, die schon Catull in seinen Gedichten verwendet hatte. Der bedeutendste römische Lyriker war der augusteische Dichter Horaz (65–8 v. Chr.), der ähnlich wie Catull die ganze Vielfalt der griechischen Metren in seinen Werken (Epoden und Oden) verwendete. In der Kaiserzeit dichtete der aus Spanien stammende Autor Martial (um 40–98 n. Chr.) viele Epigramme, die mit ihrem Witz und ihren Pointen vielfach an Catull erinnern.

3 Merkmale und Untergattungen der Lyrik

Gattung(en): Im antiken Griechenland bezeichnete „Lyrik" ursprünglich jede Dichtung, die unter Begleitung der Lyra gesungen wurde. Lyrische Gedichte waren in der griechischen Antike in ganz unterschiedlichen Versmaßen abgefasst. Sie konnten als Einzelgedichte oder häufig auch in Strophenform auftreten. In Griechenland und Rom wurden auch Hymnen, die bei Kultfesten von einem Chor vorgetragen wurden, zur Lyrik gezählt (sog. Chorlyrik). Überhaupt wurden Gedichte in der Antike häufig zu bestimmten Anlässen des öffentlichen und privaten Lebens verfasst – z. B. zu Hochzeiten *(epithalámion)*, zu Geburtstagen, als Trost- und Trauergedichte *(epikédeion)* oder als Triumphlieder nach einem Sieg *(epiníkion)*. Heute zählt man neben den lyrischen Gedichten im engeren Sinne auch andere kleine poetische Gattungen zur Lyrik hinzu wie das Epigramm, die Elegie und jambische Gedichte, die nicht unbedingt als Lied vorgetragen wurden.

Versmaß: Wichtige lyrische Versmaße sind
- Hendekasyllabus
- Hexameter und elegisches Distichon
- Hinkjambus
- Sapphische Strophe

Lyrisches Ich: Ein wichtiges Merkmal antiker Lyrik ist das sog. lyrische Ich; in vielen Gedichten tritt ein Ich-Sprecher in der 1. Sg. (oder manchmal auch 1. Pl.) auf. In den chorlyrischen Gedichten kann sich der gesamte Chor oder sogar die ganze Kultgemeinde mit diesem lyrischen Ich identifizieren. Es bezeichnet also nicht unbedingt den Autor des Liedes selbst. In den übrigen lyrischen Gedichten erweckt das lyrische Ich den Anschein, als stehe es für den Autor der Gedichte. Heute unterscheidet man allerdings auch hier zwischen Autor und lyrischem Ich, d. h. nicht alle Erlebnisse und Gefühle des Sprechers der Gedichte können direkt auf den Autor bezogen werden. In den Gedichten Catulls unterhält das lyrische Ich Beziehungen zu einer Lesbia sowie zu mehreren namentlich nicht genannten *puellae* und zu einem Iuventius.

Lesbia: Dies ist der poetische Name für eine Geliebte des Dichters, die in mehreren Gedichten genannt wird. Schon in der Antike spekulierte man darüber, welche Frau sich hinter dem Namen „Lesbia“ verbergen könnte. Vermutet wird Clodia, die Schwester des Caesar-Anhängers und Volkstribunen Publius Clodius Pulcher, die wiederum mit Caecilius Metellus Celer verheiratet war. Möglich ist auch, dass es sich um einen Hetärennamen handelt.

Buchform: In der Zeit des Hellenismus begann man, nicht nur einzelne Gedichte zu verfassen, sondern diese auch gleich in Form eines Buches zu publizieren. Das Wort „Buch“ hat dabei einen doppelten Sinn: Es bezeichnet zum einen die zusammengehörige Gedichtsammlung als solche und zum anderen auch ganz konkret die Papyrusrolle, in der die Gedichte aufgeschrieben waren. Der Umfang eines Gedichtbuches richtete sich nach dem Platz, den eine Papyrusrolle bot. Das waren in der Regel rund 600 bis 1000 Verse. Die römischen Dichter ahmten diese Art der Publikation nach und verfassten gern ganze Gedichtbücher (z. B. die Liebeselegiker). Catulls erhaltene Gedichte umfassen rund 2300 Verse, die man in drei Bücher aufteilen könnte. Allerdings ist umstritten, ob Catull selbst schon eine solche Bucheinteilung vornahm. Die drei Gedichtgruppen oder „Bücher“ umfassen jedenfalls folgende Gedichte:

- Carmen 1–60: kürzere Gedichte in unterschiedlichen Versmaßen (sog. Polymetra),
- Carmen 61–64: längere Gedichte und kleine Epen (sog. Epyllien),
- Carmen 65–116: Epigramme und Elegien.

Lernwortschatz

Der Lernwortschatz in alphabetischer Reihenfolge

Die Zahl hinter der Vokabel gibt an, in welchem Kapitel diese vorkommt. Die Vokabeln des Lernwortschatzes werden bei ihrem ersten Vorkommen angegeben und danach vorausgesetzt. Die Vokabeln des Lernwortschatzes sind fett gedruckt, alle anderen Vokabeln bilden den Grundwortschatz.

A

adimere, adimō, adēmī, ademptum	wegnehmen, entreißen	17
advenīre, adveniō, advēnī, adventum	ankommen, hinkommen	17
aequor, aequoris *n.*	Meer; *Pl.* Fluten	17
alloquī, alloquor, allocūtus sum	ansprechen, trösten	17
amābilis, -e	lieb, liebenswert	13
amnis, amnis *m.*	Fluss	19
amplius *Adv.*	mehr (als)	16
articulus, -ī *m.*	Finger	16
artus, artūs *m.*	Gelenk, (Körper-)Glied	12
audēre, audeō, ausus sum + *Infinitiv*	etw. zu tun wagen	1
auferre, auferō, abstulī, ablātum	fortnehmen, rauben	3
auris, auris *f.*	Ohr	12

B

bāsiāre, bāsiō, bāsiāvī, bāsiātum	küssen	5
bāsium, -ī *n.*	Kuss	4
beātus, -a, -um	glücklich, reich	12
bellus, -a, -um	hübsch, fein, nett	3

C

candidus, -a, -um	hell, weiß, strahlend	5
canere, canō, cecinī, cantum	singen; besingen, preisen	19
canis, canis *m./f.*	Hund/Hündin	8
castus, -a, -um	keusch, anständig	6
cessāre, cessō, cessāvī, cessātum	aufhören, nachlassen	16
charta, -ae *f.*	Papier; Schrift, Band	1
cōdicillus, -ī *m.*	Notizbüchlein	8
comparāre, comparō, comparāvī, comparātum *mit* cum + *Abl.*	vergleichen mit etw. jdm.	9
cōnfectus, -a, -um	erschöpft	13
crux, crucis *f.*	Kreuz	16

cum … tum	wenn … dann	2
cupidus, -a, -um	verliebt, begierig	14

D

decet + *AcI*	es gehört sich, dass …	6
dēliciae , -ārum *f. Pl.*	Schatz, Liebling	2
dēnsus, -a, -um	dicht (gedrängt)	10
dēsinere, dēsinō, dēsiī, dēsitum + *Infinitiv*	aufhören (etw. zu tun)	5
dictum, -ī *n.*	Ausspruch, Wort	13
digitus, -ī *m.*	Finger	2
doctus , -a, -um	gelehrt	1
dolēre, doleō, doluī, –	Schmerz empfinden; weh tun, schmerzen	19

E

ēripere, ēripiō, ērēpī, ēreptum	entreißen, rauben	12
excruciāre, excruciō, excruciāvī, excruciātum	quälen, foltern	15
explēre, expleō, explēvī, explētim	ausfüllen, erfüllen	19
exprōmere, exprōmō, exprōmpsī, exprōmptum	hervorbringen	13

F

fās est	es ist erlaubt, rechtens	12
fātum, -ī *n.*	Götterspruch; Schicksal, Tod	13
flēre, fleō, flēvī, flētum	weinen	3
flētus, flētūs *m.*	Weinen, Klage	16
foedus, foederis *n.*	Bündnis	18
fortāsse *Adv.*	vielleicht	15
frāternus, -a, -um	brüderlich, des Bruders	17
frūx, frūgis *f.*	Frucht	19

G

gremium, -ī *n.*	Schoß	3

H

heu	ach!	17

I

illūc *Adv.*	dorthin	3
inquam, inquis, inquit	sagen, fragen, antworten	14
invidēre, invideō, invīdī, invīsum	neidisch sein	4
invītus, -a, -um	unwillig, gegen den Willen (von jdm.)	5
iocōsus, -a, -um	scherzhaft, vergnüglich, spaßig	5

iocus, -ī *m.*	Scherz	11
iūcundus, -a, -um	angenehm, erfreulich	18
iuvāre, iuvō, iūvī, iūtum	erfreuen	11

L

labellum, -ī *n.*	Lippe	5
lectus, -ī *m.*	Bett	11
lepidus, -a, -um	niedlich; klein; witzig	1
libellus, -ī *m.*	Büchlein	1
licet, licuit	es ist erlaubt, man kann	18
lingua, -ae *f.*	Zunge; Sprache	9
lītus, lītoris *n.*	Strand	13
lūmen, lūminis *n.*	Licht, Auge	12
lūna, -ae *f.*	Mond	19

M

maestus, -a, -um	traurig	13
mālle, mālō, māluī, –	lieber wollen	14
mānāre, mānō, mānāvī, mānātum	fließen	13
medicus, -ī *m.*	Arzt	7
mellītus, -a, -um	honigsüß	3
membrum, -ī *n.*	Glied, Körperteil	11
meminisse, meminī + *Gen.* *(Perfekt mit Präsensbedeutung)*	sich an etwas erinnern	15
mēns, mentis *f.*	Geist, Denken, Seele	13
mihī cordī est	(es) liegt mir am Herzen; ich mag (etw.)	15
modo … modo *Adv.*	mal … mal, bald … bald	3
mūtus, -a, -um	stumm	17

N

nāsus, -ī *m.*	Nase	7
necesse est + *AcI*	es ist nötig, dass …	6
nēquīquam *Adv.*	vergebens	13
nōvisse, nōvī, nōtum *(Perfekt mit Präsensbedeutung)*	kennen	3
nūbere, nūbō, nūpsī, nūptum + *Dat.*	*(als Frau)* jdn. heiraten	14

O

occidere, occidō, occidī, –	untergehen, erlöschen	4
ocellus, -ī *m.*	Äuglein	3
oculus, -ī *m.*	Auge	3

ōdisse, ōdī *(Perfekt mit Präsensbedeutung)*	hassen	15
olīva, -ae *f.*	Ölbaum, Olivenbaum	19
oportet, oportuit	es ist nötig, man muss	14
ops, opis *f.*	Hilfe, Kraft; *Pl.* Reichtum	19
ōs, ōris *n.*	Gesicht; Mund	8
ōsculātiō, ōsculātiōnis *f.*	Küssen	10

P

pallidus, -a, -um	bleich	15
pār, *Gen.* paris	gleich	12
parum *Adv.*	zu wenig; kaum, nur wenig	6
passer, passeris *m.*	Spatz	2
perditus, -a, -um	verworfen; unglücklich; verloren	8
perferre, perferō, pertulī, perlātum	überbringen; dulden, ertragen	5
perīre, pereō, periī, peritūrum	untergehen	5
perpetuus, -a, -um	langdauernd, ewig	4
persequī, persequor, persecūtus sum	verfolgen	8
perspicere, perspiciō, perspēxī, perspectum	genau betrachten, sehen, erkennen	11
plūrimī, -ae, -a	sehr viele	15
poēma, poēmatis *n.*	Gedicht	11
poscere, poscō, poposcī, – + *dopp. Akk.*	etw. von jdm. fordern	7
posthāc *Adv.*	in Zukunft	13
postrēmus, -a, -um	der letzte	17
potēns, *Gen.* potentis	mächtig	19
praepōnere, praepōnō, praeposuī, praepositum	voransetzen; vorziehen	15
praesēns, *Gen.* praesentis	anwesend	15
prius *Adv.*	früher, zuerst	12
probus, -a, -um	ehrbar, anständig	8
propinquus, -ī *m.*	Verwandter	7
prōpōnere, prōpōnō, prōposuī, prōpositum	hinstellen; anbieten, versprechen	18
pudīcus, -a, -um	anständig	6
pugillāria, pugillārium *n. Pl.*	Schreibtäfelchen	8

Q

quiēs, quiētis *f.*	Ruhe	11
quot	so viele wie; wie viele	8

R

requīrere, requīrō, requīsīvī, requīsītum	aufsuchen, fragen nach, verlangen	5
rubor, rubōris *m.*	(Schames-)Röte	8

S

saec(u)lum, -ī *n.*	Zeitalter, Jahrhundert	1
sānus, -a, -um	gesund	7
scelestus, -a, -um	schändlich, frevelhaft	5
senex, senis; *Gen. Pl.* senum	alter Mann	4
sēnsus, sēnsūs *m.*	Sinn, Verstand, Gefühl	12
sentīre, sentiō, sēnsī, sēnsum	merken, fühlen, meinen	15
sevērus, -a, -um	streng, ernst	4
sīcut *Adv.*	(so) wie	2
sinus, sinūs *m.*	Brust, Schoß	2
solēre, soleō, solitus sum + *Infinitiv*	etw. zu tun pflegen	1
somnus, -ī *m.*	Schlaf	11
sonāre, sonō, sonuī, sonitum	tönen, rauschen	19
suāviolum, -ī *n.*	Küsschen	16

T

tabella, -ae *f.*	Schreibtäfelchen	11
tegere, tegō, tēxī, tēctum	bedecken	11
tellūs, tellūris *f.*	Erde, Land	13
tenebrae, -ārum *f. Pl.*	Dunkelheit, Finsternis	3
turpis, -e	schändlich, böse, schlimm	8

U

ūllus, -a, -um (*Gen.* ūllīus, *Dat.* ūllī)	irgendein; *Pl.* irgendwelche	16
umbra, -ae *f.*	Schatten	13
undique *Adv.*	von überall her	8
ūrere, ūrō, ūssī, ūstum	anzünden; *im Pass.* brennen, verliebt sein	14
ūsque *Adv.*	in einem fort, immerzu	3
uterque, utraque, utrumque (*Gen.* utrīusque, *Dat.* utrīque)	jeder von beiden, beide	11

V

vagus, -a, -um	umherschweifend, unbeständig	13
vehī, vehor, vectus sum	sich fortbewegen, fahren	17
vērum *Adv.*	jedoch, aber	16
vulgus, -ī *f.*	die Leute, die große Masse	14